TOPIK II

한국어능력시험

MP3
音声無料
ダウンロード

赤シート
対応

ゼロからスタート
韓国語能力試験
テキスト

韓国教育財団諮問委員
イム・ジョンデ［著］

音声 & 資料ダウンロードの紹介

本書で紹介されている例文などをネイティブスピーカが読み上げた音声、および資料を、以下のサイトから無料でダウンロードいただけます。

URL https://www.shuwasystem.co.jp/support/7980html/6585.html

音声のファイル名は本文記載のトラック名と対応しています。
本書は赤シートに対応しています。
日本語訳などを隠して、理解度の確認にご利用下さい。
* 本書に赤シートは付属していません。

目　次

コラムを書くに当たって / 存在性と関係性 / タテイズム、ヨコイズム / どこまで謝り続けるんだ！ / あの人たち、声、でかいな… / 意見を言わない日本人の留学生 / 正義とは / 〜連帯という組織 / タテイズム型理解、ヨコイズム型理解 / タテイズム型対立、ヨコイズム型対立 / タテイズム型競争、ヨコイズム型競争 / タテイズムの改革、ヨコイズムの改革 / タテイズム型社会の暗 / タテイズム型思考の希望、ヨコイズム型思考の希望 / タテイズム型思考の友達、ヨコイズム型思考の友達 / タテイズム型社会の個性、ヨコイズム型社会の個性 / タテイズム型企業、ヨコイズム型企業 / タテイズムの韓国、ヨコイズムの日本

まえがき

　韓国語能力試験 TOPIK の教材は、今までは、本物さながらの練習問題を解きながら力をつけていくのが主流でした。TOPIK を受験するには、ある程度の基礎知識が必要となりますが、そのことについて、きちんと教えてくれるような本はありませんでした。そのため、何の準備もなく、いきなり受験をして、「何が何だか分からなかった」とか「まったく歯が立たなかった」という状況に陥ったという話をよく聞きます。現状では、TOPIK 受験者を考えているみなさんは、韓国語教室などに通ったり、あるいは大学の授業を通して、または自分で市販のテキストを購入したり、独自の方法で準備しなければなりません。実は、TOPIK には、それぞれのレベルに合わせて、目安となる学習時間が定められています。詳細は、韓国教育財団のホームページ（https://www.kref.or.jp）に載っているので、そちらを参考にしていただければと思いますが、これを大学の授業時間に照らして、大まかに分かりやすく説明をすると、週 2 回の授業を 3 年受けると、TOPIK II のレベルに到達すると考えて頂いていいと思います。では、週 1 回の授業なら 6 年かかるのかというと、そういうわけではありません。なぜかというと、言語は、右肩上がりにレベルが上がる性質を持っているからです。あくまでも、大まかな目安です。

　韓国語能力試験 TOPIK は、今の体制になるまでは、1 級から 6 級にランク分けされていました。その中の 1 級、2 級が TOPIK I に、3 級から 6 級が TOPIK II に統合されたのです。ですから、一番上の 6 級まで行くのに、大体 6 年かかるという計算になります。あくまでも、学習時間の量のことを言っています。自分で頑張って、学習時間の量を増やせば、もちろん、その期間は、短縮されます。

　現に、私が指導していた学生の中で、全くの初心者が、大学に入って韓国語を初めて習い、そこから、1 年半くらいの期間で、TOPIK3 級を取得する人が何人もいました。2 年で 5 級に到達した人も数人います。つまりは、学習の量を増やせば、その期間は、短縮できるのです。

　しかし、それは、韓国の大学への編入を考えていたり、韓国語の勉強に夢中になっていたりした一部の学生の話なのであって、それを一般論化するのは、難しいです。

　私は、詰め込み式の学修には賛成できません。今あげたような特別な目的を持たない限りは、丁寧に、時間をかけて、楽しみながら、こつこつやっていくのが、べ

ストだと私は思います。なぜかというと、言語の学習だからです。ご自身の母国語のことを思い浮かべてみて下さい。いきなり一気に、話せたでしょうか？　子供の時に、大人の言うことをすべて理解出来たでしょうか？　それは、必ずしも、子供だったからではありません。語彙力が足りず、理解力も伴っていなかったからです。

　外国語を学修する時も、似たような現象が起きます。聞き取れる量、聞き取って、内容が理解出来る量、さらに、理解出来て相手に言葉で返せる量は、時間とほぼ比例します。日本に来る留学生が、日本語がしっかり聞き取れるまで（聞き取るだけですよ）、大体２年はかかる現実を見ても、今の話は頷けます。もちろん、中には母国でしっかり勉強をし、来るや否やぺらぺらしゃべる人もいますが、それは、今の話の対象ではありません。

　人前で簡単な話をしたりするのは、前もって考えておけばいいので、比較的早く、そのレベルに達します。しかし、今、言ったように、聞き取り、理解をするのは、ほぼ100％時間と比例するので、TOPIK II レベルのものを聞いて、理解するためには、どうしてもやはり３年〜４年はかかると見ておかなければなりません。

　それを、練習問題を中心とする対策本を買い、少し解いただけで合格すると思うのは、認識が甘すぎます。試験場に入って、最初の問題を聞いた途端、難しく感じるのは当然です。何を問われているのか、何の話が流れているのか、全く分からず、困惑し、結局わけが分からないまま、終わってしまうと思います。実際、そういう感想を寄せてくる方が、たびたびいます。

　「とりあえず受けてみる」、その考え方に、私は、賛成出来ません。TOPIK は、それなりの積み重ねがないと難しく、じっくりと腰をすえて、着々と準備を重ねてくる人に報いてくれる試験だからです。というより、何のために TOPIK を受けようとしているのかを考えなければなりません。焦る必要がどこにあるのでしょうか。せっかく始めたのですから、末永く、ライフワークとして、楽しみながら、その中で、思いがけず６級が取れればこれ幸いという気の持ち方が、私は、最高だと思います。もちろん、韓国の大学に入りたいとか、３年次編入をしたいとか、考えているのだったら、話は完全に別です。

　ついでに、言っておきますが、もしも韓国の大学に入りたい、編入をしたいと考えている方がいらしたら、アドバイスします。ソウルの大学にこだわる必要は、全くありません。物価も高く、勉強についていくのも大変で、仮にソウルの大学を出たからと言って、日本の企業への高評価に直結するかと言ったら、答えは否です。

韓国に渡り、大学を卒業したという事実だけで、充分評価されるからです。私は、自分の指導する学生を、本人が望まない限り、ソウルに送ったことは一度もありません。その意味がないからです。むしろ、ソウルから近い地方大学に籍を置き、ソウルに遊びに行きたければいつでも行き、後はゆっくりのんびりしながら、むしろ、韓国社会全般についてしっかり理解と経験を積む方が、後々よほど得策だと思います。また、ついでに言っておきますが、韓国の大学で勉強についていけるのかとか、いじめに遭ったりしないかなとか、生活はどうするのだろうとか、心配する必要は全くありません。卒業できなかった学生は一人もいませんし、現地の人と仲良くなり、皆楽しい留学生活を満喫しています。いくらでもアドバイスしてあげますから、興味のある方は、私まで連絡して下さい。yim1118@gmail.com

　本書は、今まで、TOPIK を受ける方々、個々人に任せられていた学修を一本化し、一つの方向で、やりとげられるよう、作られました。この本は、TOPIK II を受けようとしている方たちにとって、いい参考書になります。または、何度か受験したけど、難しすぎて歯が立たなかったという方にも、最適だと思います。

　以下に、時間がない方向けに、合格に至るまでの最短モデルを作ってみました。参考にしてみてください。

TOPIK 完全制覇6ヶ月コース！

日程			予定	学習すること	
11月	2月	5月		①テキスト	ゼロから基礎固めをしっかりと！
12月	3月	6月		②必須単語6200	必要な単語はすべてインプット！
1月	4月	7月	試験申込開始	③総合対策	本番さながらの問題を解きながら実力アップ！
2月	5月	8月			
3月	6月	9月		④一問一答	試験直前のチェックをします！
4月	7月	11月	試験日		

①本書

　まず、発音、不規則などを復習します。

　他のテキストで勉強して来られた方のために、復習も兼ねて、発音や不規則のことを、その原理も含めて、丁寧に説明しておきました。

　これを学修する時には、やみくもに暗記するのではなく、まず理解することが重要です。しっかり理解し、頭に入れて下さい。そうしないといざ試験のときに、出てきそうで出てきません。すんなり出てこないのは、頭の中で整理されていないからです。整理できていないものは、出てきません。だから、理解が大事なのです。それから、覚えて下さい。発音を覚えるの？と思うかもしれませんが、同じ話ですが、発音だろうと何だろうと、頭の中に入っていないものは、口から出てきません。

　２つ目、文法項目です。直近の過去問に使われたものを漏らさず抽出しました。ですから、本書の項目に上がっていないものは、やらなくてもいいです。これから出題される問題から、本書以外のものが使われる可能性は、5％以下です。大概のものは、本書の項目だけで対応できると思います。これも、学習方法は、発音・不規則と同じです。まず頭でしっかり理解をし、それから覚えることです。各項目を見て、その下に書いてある短い説明を思い出せるかどうかを繰り返し、訓練してみて下さい。それができるようになったら、聞き取りも、話す方も劇的によくなると思います。

　本書には、TOPIKに使われる問題文への理解を助けるために、韓国の文化や社会、考え方について、コラムを載せています。コラムの内容は、私個人の考えによるものですが、みなさまがこれから韓国で活躍される際に、日韓関係について考える参考になればと思い書きました。勉強の合間に楽しみながら読んでみてください。

　この本の目安は、一通り終わらせる期間は、6カ月です。それ以上、長くなると、効果的でなくなります。

②『韓国語能力試験 TOPIKI II 必須単語 6200』（イム・ジョンデ著　秀和システム刊）

　聞き取り、読解、どちらにとっても単語は重要です。常に手元において、暇さえあれば読んで下さい。どこからでもいいです。

　効率的な覚え方は特にありません。ただ、ノルマを課したりすると、効果的です。音声がついていてページごとのトラックNoになっているので、数ページごと区切り、まずは文字で覚え、それから音声を聞く、これを繰り返したらいいと思います。

本書と併用して使って下さい。2冊を持って交互に学修したりすると、効果的です。

単語にレベルはありません。皆さんは、大人だからです。ですから、どこから
でもいいです。飽きないやり方で、やり続けて下さい。

1日30個で大体6カ月かかります。これを目安に、ご自分でペースを決めて下
さい。6カ月かけて最後まで行ったら、잘하셨어요チャラショッソョ（グッジョブ）で
す。2回目になると半分の時間で済み、3回目以降は、さらに短くなります。3回
繰り返し覚えることができたら、聞こえてくる量が、飛躍的に増えると思います。

単語を覚える際は、最初だけ、必ず書いて覚えて下さい。これが一番効果的です。
書く時に頭の中で文字のシルエットが刻まれ、読み、耳で聞くからです。2回目か
らは、指でなぞるだけでいいです。覚えていない単語は、絶対聞こえません。

本書の文法項目の数を見て、意外に少ないと感じるかもしれません。その数自
体は、特段問題はありませんが、それは、単語力がいかに大事なのかについての裏
返しです。

③『韓国語能力試験 TOPIK II 総合対策 第2版』（イム・ジョンデ著　秀和システム刊）

ここまできたら、本番さながらの問題を解きながら、力をつけていきます。難
しい試験ということがわかってくると思います。

合っているならなぜ合っているのか、間違ったならなぜ間違ったのか、自分で
必ず納得して下さい。

④『韓国語能力試験 TOPIK II 一問一答』（イム・ジョンデ著　秀和システム刊）

これは、総合対策の後、最後のチェックとして使います。

一問一答なので、合っているかどうか、すぐに確認が可能で、考えることなく、
前へ進めていくことが出来ます。

この本は、確認のために使います。最終的に、間違っている箇所だけをまとめて、
もう1回その理由を確認したりすると、効果的です。

2021年9月

韓国教育財団諮問委員・東海大学教育開発研究センター教授

イム・ジョンデ（林大仁）

第 1 章

韓国語能力試験 TOPIKについて

この章では、韓国語能力試験の概要や目的、趣旨、活用などを紹介します。

1 韓国語能力試験

1 韓国語能力試験の概要

　韓国語能力試験は、1995年東京韓国教育院と韓国教育財団が、韓国語講座を受けている人を対象に実施したのが始まりです。1997年には、韓国政府公認の制度となり、徐々に日本以外の国にも広がりました。1997年の初回に2,692名だった受験者も、今は、80カ国以上の国々で40万名近い受験者が試験を受けるほどに成長しています。

2 韓国語能力試験の目的

　第1の目的は、韓国語の能力を測定、評価するためです。第2の目的は、外国人韓国語学習者や海外在住の韓国人に、学習方向を示すためです。
　実際TOPIKを受ける外国人学習者は、①進学、②実力の確認、③韓国企業への就職、④韓国や韓国の文化が好きだから、などの理由で受験しています。

3 韓国語能力試験の活用

　試験結果は、次のような行政・学事手続きの際に有効活用されます。

①韓国政府招待外国人奨学生の進学及び学事管理
②外国の教育課程を履修した外国人または在外韓国人の韓国国内大学及び大学院への進学
③韓国企業への就業希望者の就業ビザ取得、選抜、人事基準
④外国人医師資格者の韓国国内免許認定
⑤外国人の韓国語教員資格試験受験資格取得
⑥永住権取得
⑦結婚移民ビザ発給申請

　他方、韓国国内に在住する外国人留学生は、次のような必要から同試験を受けています。

①韓国での生活の質を高めるために
　→ 上手になれば、韓国人の友達も増え、バイトも出来るから
②韓国語の実力を確認するために

→ どんな授業を取ればいいのか、目安になるから

③自分に自信をつけるために

　→ 上の級が取れれば、自信につながるから

④友達や周りの人に自慢するために

　→ 上の級が取れれば、周りから認められるから

　ほとんどの韓国の大学で、外国人留学生に対する奨学金や生活費支援への支給基準として、同試験の結果を採用していることも、この試験の重要性を物語っています。つまり、TOPIK は、韓国語の能力を確認する唯一の手段となっているのです。

4 韓国政府の計画

　韓国国内の外国人留学生は、2015 年に 10 万名、2019 年に 16 万名を超えました。韓国政府は、2023 年までに留学生 20 万名受け入れ計画を立てています。留学生受け入れの中心に、TOPIK が据えられていることは、言うまでもありません。

2 韓国語能力試験の詳細

1 試験の種類及び等級

1 試験の種類：TOPIK Ⅰ、TOPIK Ⅱ

TOPIK：Test of Proficiency in Korean の略

2 評価の等級：1 級〜 6 級

種類	TOPIK Ⅰ		TOPIK Ⅱ			
	1 級	2 級	3 級	4 級	5 級	6 級
等級	80 点以上	140 点以上	120 点以上	150 点以上	190 点以上	230 点以上

※ TOPIK Ⅰは 200 点満点、TOPIK Ⅱは 300 点満点です。上記の等級は、試験の結果によって自動的に付与されるもので、指定して応募することはできません。

2 試験の構成

1 種類別

種類	時間	区分（分）	形式	問題数	点数	合計点
TOPIK I	1時間目	聞き（40分）	選択	30	100	200
		読み（60分）	選択	40	100	
TOPIK II	1時間目	聞き（60分）	選択	50	100	300
		書き（50分）	記述	4	100	
	2時間目	読み（70分）	選択	50	100	

2 問題別

a 選択式 ― 듣기（聞き）試験、읽기（読み）試験

b 記述式 ― 쓰기（書き）試験

　i 完成型 ― 単語や短い表現を入れ、文を完成していくタイプの問題です。計2問出ます。

　ii 作文型 ― 200字〜300字の中級レベルの説明文が1問、600字〜700字の高級レベルの論文が1問、計2問出ます。

3 作文問題の評価内容（TOPIK II）

問題番号	評価範疇	評価内容
51〜52	内容及び課題の実行	提示された課題にそって適切な内容で書かれているのか
	言葉の使用	語彙や文法の使用は正確か
53〜54	内容及び課題の実行	課題が忠実に実行されているのか 主題に関連した内容で構成されているか 課題内容が豊富かつ多様に表現されているか
	文の展開構造	文の構成が明確かつ論理的か 文の内容にそって自然に段落構成が行われているか 論理展開を担う表現が適切に使われ、体系的につながっているのか
	言葉の使用	文法や語彙が多様かつ豊富に使われ、適切な文法や語彙が選択され使われているのか 文法、語彙、綴りなどの使い方は正確か 文の目的や機能にそって適切な文体で書かれているのか

3 主催機関

1 教育部
国の機関で、TOPIK 制度の立案や政策決定、指導監督などを行います。

2 国立国際教育院
教育部直轄の国の機関で、試験に関連し、出題や採点などの業務全般を担当します。

3 試験結果の有効期間
成績発表日から 2 年間が有効で、その間は国立国際教育院のホームページ（http://www.topik.go.kr）から成績証明書を出力することが出来ます。

4 試験時間割

区分	時間	領域	日本・韓国に試験場			試験時間
			入室時間	開始	終了	（分）
TOPIK I	1 時間目	聞き 読み	09:20 09:30（日本）	10:00	11:40	100
TOPIK II	1 時間目	聞き 読み	12:20 12:30（日本）	13:00	14:50	110
	2 時間目	読み	15:10	15:20	16:30	70

※韓国・日本以外の試験場は、上記とは異なる体制となります。TOPIK I と TOPIK II は併願が可能です。入室時間は厳守です。入室時間を過ぎるといかなる理由があっても入室が認められません。TOPIK I は 1 時間のみとなります。

5 試験当日の流れ

1 TOPIK I

時間	内容	注意点
〜 09:20 〜 09:30（日本）	入室	09:20/09:30 以後入室不可
09:20 〜 09:50	本人確認 解答用紙作成要領説明	携帯電話提出
09:50 〜 10:00	問題用紙配布 聞き試験の放送確認	
10:00 〜 10:40	聞き試験	
10:40 〜 11:40	読み試験	本人確認

2 TOPIK II

時間	内容	注意点
〜 12:20 〜 12:30（日本）	入室	12:20/12:30 以後入室不可
12:20 〜 12:50	本人確認 解答要領説明	携帯電話提出
12:50 〜 13:00	問題用紙配布 聞き試験の放送確認	
13:00 〜 14:00	聞き試験	
14:00 〜 14:50	書き試験	本人確認
14:50 〜 15:10	休憩	15:10 以後入室不可
15:10 〜 15:20	解答要領説明	
15:20 〜 16:30	読み試験	本人確認

※韓国・日本以外の試験場は、上記とは異なる体制となります。TOPIK I と TOPIK II は併願が可能です。
　入室時間は厳守です。入室時間を過ぎるといかなる理由があっても入室が認められません。

6 試験の実施時期と願書受付

1. 韓国では、2 月、4 月、5 月、7 月、10 月、11 月の計 6 回実施されます。日本で実施されない 2 月、5 月、11 月試験への応募は、韓国国内でのみ受付が可能で、成績も国立国際教育院のホームページでのみ、確認が可能です。

2. 日本では、4 月、7 月、10 月の計 3 回実施されます。県別に試験会場が設けられ、試験の結果が自宅に送付されてきます。

3. 韓国の大学へ進学・編入学を希望する場合には、TOPIK II 3 級以上または TOPIK I 2 級を取得することが条件です。3 月入学・編入学を希望する場合は、前年度の 10 月試験で 3 級以上または 2 級を取得する必要があります。大学によっては、11 月や 1 月試験の合格を条件に受験を許可してくれるところもあります。9 月入学・編入学を希望する場合は、7 月の試験が最後のチャンスとなります。

4. 以上の説明は、現行の TOPIK 制度を踏まえたもので、試験制度や TOPIK の問題構成、大学の入試条件などは、変更されることがあります。

3 TOPIK II の目標

　TOPIK は、級の取得を目標とするものではありません。もちろん、大学によっては、入試の時に 2 級ないし 3 級を要求したり、卒業要件として 4 級以上の取得を求めたりするところもあります。また、韓国企業への就活の時に、高い級を要求されることもあります。しかし、試験は、教育活動の最後の段階で、円滑に目標を達成したかどうかをチェックするために行うものです。問題も、実際行った教育活動の中から出題されます。TOPIK は、そういった教育活動の一環として、位置付けられています。したがって、I や II で、どんな教育活動を設計しているのかを知ることは、とても大事なことです。というのも、そこから、問題が作られるからです。

　TOPIK II の 3 級から 6 級までのレベルを紹介しましょう。

TOPIK II の級	レベル
6 級	●専門分野における研究や業務遂行に必要な言語（ハングル）機能を比較的正確に、流暢に使用でき、政治・経済・社会・文化などの全般的なテーマにおいて身近でないテーマに対しても不便なく使用できる。 ●ネイティブ程度までではないが、自己表現を問題なく話すことができる。
5 級	●専門分野においての研究や業務に必要な言語（ハングル）をある程度理解と使用ができ、政治・経済・社会・文化などの全般に渡った身近なテーマについて理解し、使用できる。 ●公式的、非公式的且つ口語、文語的な脈絡に関する言語（ハングル）を適切に区分し、使用できる。
4 級	●公共施設の利用や社会的関係の維持に必要な言語（ハングル）機能を遂行することができ、一般的な業務に必要な機能を実行できる。 ●ニュースや新聞をある程度理解でき、一般業務に必要な言語（ハングル）が使用可能。 ●よく使われる慣用句や代表的な韓国文化に対する理解をもとに社会・文化的な内容の文章を理解でき、使用できる。
3 級	●日常生活を問題なく過ごせ、様々な公共施設の利用や社会的関係を維持するための言語（ハングル）使用が可能。文章語と口語の基本的な特性を区分し理解、使用が可能。

MEMO

第2章
韓国語、朝鮮語、ハングル

この章では、韓国語の基本的なことやハングル文字の概要を紹介します。

1 韓国語、朝鮮語、ハングル

　韓国語は、韓国で使われている言葉を、朝鮮語は、北朝鮮で使われている言葉を指します。南北朝鮮が1948年それぞれの政府を建て分離されて以来70余年が経ち、少し違いも出てきていますが、基本的には同じ言葉です。ハングルは、朝鮮王朝の第4代王である世宗（セジョン）大王が創った文字のことで、韓国と北朝鮮、両方で使われています。ハングルは「ハン→（大きい）＋（グル→文字 / 文章）＝偉大な文字」の意味です。日本国内で、韓国語や朝鮮語の代わりに、ハングルやハングル語などの名称が使われることがありますが、これは、韓国と北朝鮮、どちらにも与したくない配慮の表われで、本来は適切な言い方ではありません。

2 韓国語と漢字語

　全言葉の約半分を漢字語が占めるのは、日本語と同じです。しかし、韓国語は漢字を意味で読む訓読みをしないので、ハングルだけの表記が可能となり、韓国で漢字を見かけることはあまりありません。ただ、ニュースとかの硬い言い方になると、漢字語が飛躍的に増えるので、学習面ではとても重要です。

3 ハングル

　ハングルは、表音文字です。子音と母音を組み合わせて音を表します。次のような方法です。

種類	例
子音 + 母音	나（俺）na ⇒ ㄴ + ㅏ 처（妻）cho ⇒ ㅊ + ㅓ 개（犬）ke ⇒ ㄱ + ㅐ
子音 + 母音	소（牛）so ⇒ ㅅ + ㅗ 그（あの / その）ku ⇒ ㄱ + ㅡ 무（大根）mu ⇒ ㅁ + ㅜ

子音 + 母音 + 子音	감（柿）kam ⇒ ㄱ + ㅏ + ㅁ 신（靴）sin ⇒ ㅅ + ㅣ + ㄴ 일（仕事）il ⇒ ㅇ + ㅣ + ㄹ 밥（ご飯）pap ⇒ ㅂ + ㅏ + ㅂ
子音 + 母音 + 子音	봄（春）pom ⇒ ㅂ + ㅗ + ㅁ 술（酒）sul ⇒ ㅅ + ㅜ + ㄹ 공（ボール）kong ⇒ ㄱ + ㅗ + ㅇ
子音 + 母音 + 子音 + 子音	닭（鶏）tak ⇒ ㄷ + ㅏ + ㄹ + ㄱ 삶（生命）sam ⇒ ㅅ + ㅏ + ㄹ + ㅁ
子音 + 母音 + 子音 + 子音	흙（土）huk ⇒ ㅎ + ㅡ + ㄹ + ㄱ 몫（取り分）mok ⇒ ㅁ + ㅗ + ㄱ + ㅅ

上の表を見ると、3 番目以降、文字の下に子音がぶら下がっているのが分かります。この子音をパッチムと言います。聞き慣れない言い方ですが、音声的には、日本語の「ん」や「っ」とそっくりです。次のような感じです

손님 ▷　so + n（パッチム）　　　ni + m（パッチム）
　　　　　↓　　↓　　　　　　　　↓　　↓
　　　　　ソ　　ン　　　　　　　　ニ　　ム

닫자 ▷　ta + t（パッチム）　　　cha
　　　　　↓　　↓　　　　　　　　↓
　　　　　タ　　ッ　　　　　　　　チャ

ひらがなやカタカナも表音文字ですが、子音と母音が分離されていないところがハングルと違います。

4 韓国語の母音

韓国語の母音は、全部で21個あります。単母音8個と二重母音13個です。

- **単母音** — 音の出だしから最後まで口の形を変えない音。唇や舌の形が終始変わらない。
- **二重母音** — 途中から口の形が変わる音。唇や舌の形が途中から変わる。

単母音は、始まりと終わりの音が同じです。二重母音は、始まりと終わりの音が違います。日本語の母音、アイウエオは、単母音に属します。韓国語と比較すると、ウが2つ、エが2つ、オが2つあることになります。

母音	発音	母音	発音
ㅏ	a「ア」	ㅐ	e「エ」とほぼ一緒
ㅓ	o 口が縦長の「オ」	ㅔ	e「エ」
ㅗ	o「オ」	ㅣ	i「イ」
ㅜ	u「ウ」	ㅡ	u 口が真一文字の「ウ」

二重母音は、アイウエオを2つ重ねます。韓国語と比較すると、イェが2つ、ウィが2つ、ウェが3つ、ヨが2つあることになります。

母音	発音	母音	発音
ㅑ【ㅣ+ㅏ】	ya「ヤ」	ㅕ【ㅣ+ㅓ】	yo 口が縦長の「ヨ」
ㅛ【ㅣ+ㅗ】	yo「ヨ」	ㅠ【ㅣ+ㅜ】	yu「ユ」

ㅒ【ㅣ+ㅐ】	ye「イェ」とほぼ一緒	ㅖ【ㅣ+ㅔ】	ye「イェ」
ㅘ【ㅗ+ㅏ】	wa「ワ」	ㅝ【ㅜ+ㅓ】	wo「ウォ」とほぼ一緒
ㅙ【ㅗ+ㅐ】	「ウェ」とほぼ一緒	ㅞ【ㅜ+ㅔ】	we「ウェ」
ㅢ【ㅡ+ㅣ】	ui 口を真一文字にして「ウィ」と発音	ㅟ【ㅜ+ㅣ】	wi「ウィ」
ㅚ【ㅗ+ㅣ】	we「ウェ」とほぼ一緒		

　ヤ行やワ行は、日本語では母音と言いませんが、韓国語では二重母音です。それを踏まえると、「日本語の母音は 5 つ」という話は、あまり意味を為さないのかもしれません。こう見ていくと、韓国語の母音は、数が多くて難しいと感じるかもしれませんが、これらの母音の発音は、聞いてではなく、単語や前後文脈の意味から汲み取るのがほとんどです。微妙な音の違いを耳で聞き分けることは、ほぼ不可能だからです。

5 韓国語の子音

　韓国語の子音は、基本子音 14 個、双子音 5 個、重子音 11 個の計 30 個あります。双子音とは、基本子音を 2 つ重ねるもので、重子音とは、異なる子音を 2 つ重ねるものです。

1 基本子音（14 個）

　基本子音は、文字の頭とパッチムの 2 カ所で使われます。前後する文字の影響を受け、音が変化することがよくあります。以下の表を見て下さい。

子音	①語頭の発音	②挟まれる時	③パッチムの発音
ㄱ	k	g	k
ㄴ	n	n	n

ㄷ	t	d	t
ㄹ	r	l	l
ㅁ	m	m	m
ㅂ	p	b	p
ㅅ	s	s	t
ㅇ	／	／	ng
ㅈ	ch	j	t
ㅊ	ch	ch	t
ㅋ	k	k	k
ㅌ	t	t	t
ㅍ	p	p	p
ㅎ	h	複数	t

　②の「挟まれる」は、子音が、母音や「ㄴ (n)」「ㅁ (m)」「ㄹ (r/l)」などに挟まれる現象のことです。「っ」系列の子音（ㄱ / ㄷ / ㅂ / ㅈ）がその対象となります。これらは、挟まれると濁って「k → g」「t → d」「p → b」「ch → j」となります。

　③の「パッチムの発音」は、「ㅅ / ㅈ / ㅊ / ㅋ / ㅌ / ㅍ / ㅎ」が対象です。これらがパッチムに来ると、元の音は無視され、代表音の発音になります。

2 双子音（5個）

　双子音は、複合子音とも言います。これも文字の頭とパッチム、2 カ所で使われます。

子音	①語頭の発音	②挟まれる時	③パッチムの発音
ㄲ	kk	kk	k
ㄸ	tt	tt	／
ㅃ	pp	pp	／
ㅆ	ss	ss	t
ㅉ	jj	jj	／

双子音は、挟まれても音が変化しません。パッチムとして使われるのは、「ㄲ／ㅆ」の二つで、それぞれ「ㄱ k／ㄷ t」で発音されます。

3 重子音（11 個）

重子音は、パッチムのみです。これらは、ハングルが創られた当時から常に変化を重ねているため、発音もよく変わります。下の表には、標準語発音と慣習的発音、両方を載せておきました。全く別の発音になることもあります。

子音	語頭の発音	パッチムの発音 （標準）	パッチムの発音 （慣習的発音）
ㄳ	／	k	k
ㄵ	／	n	n
ㄶ	／	n	n
ㄺ	／	k	l
ㄻ	／	m	m
ㄼ	／	p/l	l
ㄽ	／	l	l
ㄾ	／	l	l
ㄿ	／	p	l
ㅀ	／	l	l
ㅄ	／	p	p

6 ローマ字の読み仮名

本書で使われるローマ字の読み仮名は、独自のものです。難しい音声記号は避け、分かりやすさを採用しました。所々、同じ環境なのに、違う読み仮名が振られたりするところがあります。それは、どちらにもなるという意味です。

MEMO

第 3 章

韓国語の聞こえ方、見分け方の概要

この章では、TOPIK II の듣기試験での音声の聞こえ方、見分け方について学びます。

母音の見分け方
ー

 学習のポイント1

連音化

　パッチム子音（基本子音・双子音）の後ろに母音があるとき、パッチムを後ろの母音に合体させ、発音する現象のことです。

 例

어떤 문제가 있으세요 ?　　どんな問題があるのですか？

　「있으세요」は、文字通りなら、「ㅆ→t」で発音するため、「ituseyo」になるはずです。しかし、実際には、母音と合体し「issuseyo」となります。連音化の理由ですが、そちらの方が自然な音の流れだからです。連音化は、言葉の中で起きるものですが、次のように連続する言葉間でも起こります。

 例

저는 안 가요 → 저느난가요 [chonunangayo] 私は行きません。

어 (o) と 오 (o)

◀)) track 001

▶ 「어」も「오」も、「オ」に聞こえます。「어」は、口を縦長に、「오」は、口を丸くして出す音ですが、2つを区別するのは、単語や文脈です。耳ではありません。

고기 가만 있어요 . 움직이지 말고 .　そこにじっとしていて下さい。動かないで。

「고기」は、「거기」の間違いですが、だからと言って、「gogi」を「肉」と聞き取る人はいません。後ろに「가만 있어요」が続くから文脈で分かるのです。

우 (u) と 으 (u)

track 002

▶ 「우」も「으」も、「ウ」に聞こえます。「우」は、「す・つ」以外のウ段母音に、「으」は、「す・つ」の母音とそっくりです。これも、単語や文脈で、音の違いを認識します。

이런 우리우리한 저택에 살아？	こんな立派な豪邸に住んでいるの？

「으리으리한」を「우리우리한」と言ったところで、その通りに聞く人はいません。「우리우리하다」という言葉はないからです。

에 (e) と 애 (e)

track 003

▶ 「에」も「애」も、「エ」に聞こえます。2 つの区別は、ほとんどつきません。どちらの母音かは、単語や文脈で判断します。

우리 에 좀 잠깐만 봐 줄래요？	うちの子、ちょっと見ててくれませんか？

「에」は「애」の間違いです。でも、流れる会話の中で、その違いに気づき、別の意味で聞き取る可能性は、ゼロです。「urie」と聞こえたら、その時点で、「うちの子」と認識し、「우리 애」と思うからです。それよりは、むしろ「시계→ sige（時計）」のように、別の文字が「e」と発音されるケースに気をつける必要があります。

외 (we) と 왜 (we) と 웨 (we)

▶ 「외」も「왜」も「웨」も、「ウェ」と聞こえます。これらの区別は、ほとんどつきません。どれなのかは、単語で判断します。

　「웨」は、外来語では、ウェディングの「웨딩」、固有語では、「웬 돈（どんなお金？）」「웬일（どうした？ / 何事）」「웬만하다（そこそこだ）」、漢字語では、「궤（軌）（潰）（詭）」「훼（毀）」などに現れます。

　「왜」は、固有語では、「왜（なぜ / どうして）」「괜찮다（大丈夫だ）」「괘씸하다（けしからん）」「돼지（豚）」、漢字語では、「괘（卦）」「쇄（刷）（鎖）」「왜（倭）」「쾌（快）」などに現れます。

　「외」は、固有語では、「괴롭다（苦しい）」「굉장히（物凄く）」「되다 （なる / される）」「뵙다（伺う）」「쇠（鉄）」「쇠고기（牛肉）」「열쇠（鍵）」「죄송하다（申し訳ない）」「회（刺身）」などの言葉に、漢字語では、「괴 （怪）（壊）」「뇌（脳）」「뢰（頼）（雷）」「외（外）」「죄（罪）」「최（最）（催）」「퇴（退）」「회（回）（会）（灰）」などに現れます。

예 (ye) と 애 (ye)

▶「예」も、「애」も、「イェ」と聞こえます。ただ、「子音＋예 / 애」は「e」に聞こえます。この2つの区別も、単語に頼ります。

「예」は、固有語では、「예（はい）」、漢字語では、「계（計）（係）（戒）（界）（系）」「례（礼）」「예（例）（隷）（誉）」「폐（肺）（閉）（幣）（廃）」「혜（恵）（慧）」などに現れます。「애」は、「걔（その子 / あの子）」「쟤（あの子）」「얘（この子）」「냬（～かと訊いている）」などに限られます。外来語にも、漢字語にも使われることはありません。

여 (yo) と 요 (yo)

◀)) track 004

▶「여」も、「요」も、「ヨ」と聞こえます。「여」は、口を縦長に、「요」は、口を丸くして出す音です。どちらなのかは、単語や文脈で判断します。

> 자, 찍습니다. 요기 보세요 .　　　　さあ、撮りますよ。こちらを見て下さい。

「요기」は、「여기」の間違いです。でも、「yogi」と聞いて「요기」と思う人はいません。写真を撮る時には「여기 보세요」と言うからです。舌足らずを「혀가 짧다（舌が短い）」を言いますが、「hyoga jjaltta」と言われても、「효가 짧다（孝が短い）」にならないのも同じ理由です。

의 (ui)

◀)) track 005

▶「의」は、言葉の頭に現れる時には「ウィ」に、言葉の2文字目以降に現れる時には「イ」に、「の」の意味になる時には「エ」と聞こえます。これも、単語を知っていれば区別することが出来ます。

「의견 uigyon（意見）」「의심 uisim（疑い）」

「회의 hwei（会議）」「예의 yei（礼儀）」

「노래의 제목 noree jemok（歌のタイトル）」

「조국의 미래 choguge mire（祖国の未来）」

 学習のポイント 2

「아」なのに、「어」「애」

 実生活の会話で、主に、言葉の終わりにつく「아」が、「어」や「애」に発音される現象です。TOPIK試験ではこのような発音は出題されませんが、実際の会話などではよく使われるため、参考までに紹介します。

걔가 가만있을 것 같아 (가태)?	あの子が黙っていると思う？
여기 좀 밟아 (발버) 봐 .	ここをちょっと踏んでみて。
거기 앉아라 (안저라).	そこに座りなさい。

 学習のポイント **3**

「오」なのに、「우」 ◀)) track 006

> **解説** 動詞・形容詞・있다 / 없다・이다の文末に来る「고」が、「구」に発音される現象です。TOPIK
> 試験ではこのような発音は出題されませんが、実際の会話などではよく使われるため、参考
> までに紹介します。

뭐라고 (구)?	何だって？
밥 먹고 (먹구) 가 .	ご飯食べていって。
같이 가자고 (가자구).	一緒に行こうって言っているの。
뭐 하려고 (하려구)?	何をしようとしてるの？

 学習のポイント **4**

「네」なのに、「니」 ◀)) track 007

> **解説** 「あなたの / お前の / 君の」「あなた / お前 / 君＋が」の意味を持つ「네」が、「니」と発音さ
> れる現象です。「네」と「내」の混同を避けるためです。

네 (니) 노트 좀 가져와 봐 .	あなたのノート、ちょっと持ってきて みて。
정말 네가 (니가) 안 했단 말이야 ?	本当に、君がやっていないというの か？

子音の見分け方
II

- -

子音の見分け方は、下記の学習のポイントに、すべてまとめました。

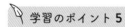
パッチムの働き

韓国語の子音は、30個ありますが、パッチムに使われるのは、27個で、その中でも、発音の働きをするのは、「ㄱ / ㄷ / ㅂ」「ㅇ / ㄴ / ㅁ」「ㄹ」の7個です。その他の子音は、7つのうちのどれかに発音を頼ることになります。耳による聞き分けが、いかに無意味なのかが分かります。

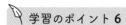
パッチム「ㄱ / ㄷ / ㅂ」

解説 これは、日本語の「っ」とそっくりです。「っ」は、つまる音・促音と言い、肺から喉、口の中を通る息が、途中でつまることで発生する音です。喉を使う音が「ㄱ」、舌を使う音が「ㄷ」、両唇を使う音が「ㅂ」です。したがって、パッチムの発音が「っ」に聞こえたら、それが、「ㄱ / ㄷ / ㅂ」のうち、どれかを単語や文脈で突き止めなければなりません。

🔊)) track 008

| 점심은 각자 드세요 . | お昼は、各自で食べて下さい。 |

「각자」は、日本語で書くと「かっちゃ katcha」に聞こえます。しかし、そう聞こえたとしても、「kakcha」です。「국제（国際）」も、「kutche」に聞こえますが、「kukche」です。

「ㄱ / ㄷ / ㅂ」は、パッチムになると、息を閉じ込める働きをするので、閉鎖音となります。日本語の「っ」も、閉じ込める特徴を持っているので、閉鎖音です。日本語では、どこが閉鎖の働きをしているかは、重要ではありません。しかし、韓国語では、どこで閉鎖をしているかがとても重要で、文字で表し、区別します。これが、両国語の閉鎖音の違いです。

 学習のポイント **7**

パッチム「ㅇ / ㄴ / ㅁ」

解説 これは、日本語の「ん」とそっくりです。「ん」は、はねる音・撥音と言い、肺から喉、口の中を通る息が、撥ねられて鼻を通ることで発生する音です。「ㅇ / ㄴ / ㅁ」が鼻音と呼ばれるのは、これが理由です。喉を使う音が「ㅇ」で、舌を使う音が「ㄴ」、両唇を使う音が「ㅁ」です。したがって、パッチムの発音が「ん」に聞こえたら、それが、「ㅇ / ㄴ / ㅁ」のうち、どれかを単語や文脈で突き止めなければなりません。

🔊 track 009

너 경마 하니 ?	お前、競馬、やっているのか？

「경마」は、日本語で書くと「きょんま kyomma」に聞こえます。しかし、そう聞こえたとしても、「kyongma」です。「형님（兄貴 / 先輩）」も、「hyonnim」に聞こえますが、「hyongnim」です。

特に、「ㅇ + ㄴ」「ㅇ + ㅁ」「ㅁ + ㄴ」「ㅁ + ㅁ」の前後関係になる言葉には、充分気を付けて下さい。

「남녀 namnyo（男女）」 ➡ 「nannyo」（✘）

「청년 chongnyon（青年）」 ➡ 「chonnyon（천년千年）」（✘）

「ㅇ / ㄴ / ㅁ」は、口の中の息をまとめて鼻の方に流し、そこで破裂させ、通らせることで発生する音です。日本語の「ん」も、全く同じ特徴を持っています。どこで破裂させるかは、重要ではありません。しかし、韓国語では、どこで破裂させるかがとても重要で、文字で表し、区別します。これが、両国語の破裂鼻音の違いです。

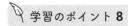 学習のポイント **8**

鼻 音 化

パッチム「ㄱ / ㄷ / ㅂ」 ➡ 「ng/n/m」

解説 鼻音「ㄴ / ㅁ」の前に、パッチム「ㄱ / ㄷ / ㅂ」があるとき、「ng/n/m」に変わって聞こえる現象のことです。

パッチム「ㄱ / ㄷ / ㅂ」は、閉鎖音です。閉鎖音は、次に文字が来たら、閉鎖を解き、破裂をする準備をします。そこに、鼻音「ㄴ / ㅁ」が来たら、待機をしている「ㄱ / ㄷ / ㅂ」は、自然に鼻の方に向かうことになります。鼻音化は、基本的に、言葉の中で起きるものですが、連続する言葉の間でも起こります。

「국물 ➡ 궁물」「업무 ➡ 엄무」

「학년 ➡ 항년」「믿는 ➡ 민는」「압니다 ➡ 암니다」

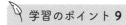 学習のポイント 9

鼻 音 化

パッチム「ㅌ / ㅅ / ㅆ / ㅈ / ㅊ＋ㄴ / ㅁ」 ➡ 「n＋ㄴ / ㅁ」

解説　鼻音「ㄴ / ㅁ」の前に、パッチム「ㅌ / ㅅ / ㅆ / ㅈ / ㅊ」があるとき、「n」に変わって聞こえる現象です。これらの子音がパッチムで、「t」と発音されるからです。

「겉모습 ➡ 건모습」「멋만 ➡ 먼만」「젖만 ➡ 젓만」「꽃만 ➡ 꼰만」

「있는 ➡ 인는」「찾는 ➡ 찬는」「쫓는 ➡ 쫀는」

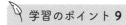 学習のポイント 10

鼻 音 化

パッチム「ㅋ / ㄲ / ㄳ / ㄹ＋ㄴ / ㅁ」 ➡ 「ng＋ㄴ / ㅁ」
パッチム「ㅍ / ㄼ / ㄿ / ㅄ＋ㄴ / ㅁ」 ➡ 「m＋ㄴ / ㅁ」

解説　鼻音「ㄴ / ㅁ」の前に、パッチム「ㅋ / ㄲ / ㄳ / ㄹ」があるとき、「ng」に、パッチム「ㅍ / ㄼ / ㄿ / ㅄ」が来たら、「m」に変わって聞こえる現象です。「ㅋ / ㄲ / ㄳ / ㄹ」は、パッチムで「k」に、「ㅍ / ㄼ / ㄿ / ㅄ」は、パッチムで「p」と発音されるからです。

「부엌만 ➡ 부엉만」「넋만 ➡ 넝만」「깎는 ➡ 깡는」「읽는 ➡ 잉는」

「앞만 ➡ 암만」「읊는 ➡ 음는」「없는 ➡ 엄는」

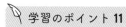 学習のポイント **11**

流 音 の 鼻 音 化

パッチム「ㅁ / ㅇ＋ㄹ」 ➡ パッチム「ㅁ / ㅇ＋ n」

 「ㄹ」が、パッチム「ㅁ / ㅇ」の後にあるとき、「n」に変わって聞こえる現象のことです。

　流音とは、「ㄹ」のことです。パッチム「ㄹ」は、舌で息を弾き、舌端をそのまま歯茎にくっつけ、空いた舌の両脇に息を流すことで発生する音です。
　鼻音「ㅁ / ㅇ」の後に「ㄹ」が来たら、一旦鼻音を解除してから、舌で息を弾き、歯茎にくっつける動きをしなければなりません。音声器官の動きは、大変ぎこちなくなります。流音の鼻音化は、「ㄹ」を自然に発音するための方法です。

「통로（通路）➡ 통노」「심리（心理）➡ 심니」「정리（整理）➡ 정니」

「음료（飲料）➡ 음뇨」「종류（種類）➡ 종뉴」「금리（金利）➡ 금니」

「명랑（明朗）➡ 명낭」「능력（能力）➡ 능녁」

 学習のポイント **12**

流 音 の 鼻 音 化

漢字語パッチム「ㄴ＋ㄹ」 ➡ 「ㄴ＋ n」

 「ㄹ」が、漢字語パッチム「ㄴ」の後にあるとき、「n」に変わって聞こえる現象のことです。対象にならないものもあります。

「생산량（生産量）➡ 생산냥」「판단력（判断力）➡ 판단녁」

「입원료（入院料）➡ 이붠뇨」

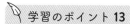 学習のポイント **13**

流 音 の 鼻 音 化

漢字語パッチム「ㄱ / ㄷ / ㅂ＋ㄹ」 ➡ パッチム「ng/n/m ＋ n」

「ㄹ」が、パッチム「ㄱ / ㄷ / ㅂ」の後にあるとき、「n」に変わり、「ㄱ / ㄷ / ㅂ」も「ㅇ / ㄴ / ㅁ」に変わって聞こえる現象のことです。

「독립（独立）➡ 동닙」「면역력（免役力）➡ 며녕녁」「압력（圧力）➡ 암녁」

「식량（食糧）➡ 싱냥」「확률（確率）➡ 황뉼」「격려（激励）➡ 경녀」

「협력（協力）➡ 혐녁」「답례（答礼）➡ 담녜」

 学習のポイント **14**

ㄱ系パッチム「ㄱ / ㅋ / ㄲ / ㄳ / ㄺ」

子音「ㄱ / ㅋ / ㄲ / ㄳ / ㄺ」は、パッチムになるとき、「k」に聞こえます。ただし、連音すると、元の発音に戻ります。

「각각（各々）kakkkak」「각각이（各々が）kakkkagi」

「부엌（台所）puok」「부엌이（台所が）puoki」

「섞다（混ぜる）soktta」「섞어（混ぜて）sokkko」

「넋（魂）nok」「넋이（魂が）noksi」

「늙다（老いる）nuktta」「늙어（老いて）nulgo」

 学習のポイント **15**

ㄴ系パッチム「ㄴ / ㄵ / ㄶ」

子音「ㄴ / ㄵ / ㄶ」は、パッチムになるとき、「n」に聞こえます。ただし、連音すると、元の発音に戻ります。

「선언（宣言）sonon」「선언이（宣言が）sononi」

「얹다（上げる / 載せる）ontta」「얹어（上げて / 載せて）onjo」

「많다（多い）manta」「많아（多く）mana」

学習のポイント 16

ㄷ系パッチム「ㄷ / ㅌ / ㅅ / ㅆ / ㅈ / ㅊ」

 解説　子音「ㄷ / ㅌ / ㅅ / ㅆ / ㅈ / ㅊ / ㅎ」は、パッチムになると、「t」に聞こえます。ただし、連音すると、元の発音に戻ります。

「얻다（得る）ottta」「얻어（得て）odo」

「붙다（つく）puttta」「붙어（ついて）puto」

「벗다（脱ぐ）pottta」「벗어（脱いで）poso」

「있다（ある / いる）ittta」「있어（あって）isso」

「낮다（低い）nattta」「낮아（低く）naja」

「쫓다（追う）jjottta」「쫓아（追って）jjocha」

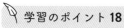 **学習のポイント 17**

ㄹ系パッチム「ㄹ / ㄼ / ㄾ / ㅀ」

 解説　子音「ㄹ / ㄼ / ㄾ / ㅀ」は、パッチムになると、「l」に聞こえます。ただし、連音すると、元の発音に戻ります。

「얼다（凍る）olda」「얼어（凍って）oro」

「외곬（一本気）wegol」「외곬으로（ひたむき）wegolssuro」

「핥다（なめる）haltta」「핥아（なめて）halta」

「끓다（沸く）kkulta」「끓어（沸いて）kkuro」

※「ㄼ」「ㄾ」「ㅀ」をパッチムに持つ言葉の数は、極めて少なく、「외곬（一筋）」「핥다（舐める）」「솔다（扱く / 選る）」「옳다（正しい）」「싫다（嫌だ）」「앓다（病む / 患う）」「끓다（沸く）」くらいです。

 学習のポイント 18

ㅁ系パッチム「ㅁ / ㄻ」

子音「ロ / ᆱ」は、パッチムになるとき、「m」に聞こえます。ただし、連音すると、元の発音に戻ります。

「점심（お昼）chomsim」「점심이（お昼が）chomsimi」

「닮다（似る）tamtta」「닮아（似て）talma」

「삶（ライフ）sam」「삶이（生活が）salmi」

 学習のポイント **19**

ㅂ系パッチム「ㅂ / ㅄ / ㄼ / ㅍ / ㄿ」

 子音「ㅂ / ㅄ / ㄼ / ㅍ / ㄿ」は、パッチムになると、「p」に聞こえます。「ㄼ / ㄿ」は、言葉によっては、「l」に聞こえる時もあります。ただし、連音すると、元の発音に戻ります。

「밟다（踏む）➡ 밥따、밟고 ➡ 밥꼬、밟지 ➡ 밥찌、밟아 ➡ 발바」

「얇다（薄い）➡ 얄따、얇고 ➡ 얄꼬、얇지 ➡ 얄찌、얇아 ➡ 얄바」

「넓다（広い）➡ 널따、넓고 ➡ 널꼬、넓지 ➡ 널찌、넓어 ➡ 널버」

「여덟 명（8名）➡ 여덜명、여덟이 ➡ 여덜비」

「읊다（吟じる）➡ 읍따、읊고 ➡ 읍꼬、읊지 ➡ 읍찌、읊어 ➡ 을퍼」

　上記は、標準発音ですが、実生活では、「발따 / 발꼬 / 발찌」「여덟이→여더리」「을따 / 을꼬 / 을찌」と発音されることもよくあります。

 学習のポイント **20**

有声音化する「ㄱ / ㄷ / ㅂ / ㅈ」

 これらの子音は、母音や「ㄴ / ㅁ / ㄹ / ㅇ」などに挟まれると、濁って聞こえます。言葉の中で起きるのが原則ですが、連続する言葉間で起きることもよくあります。こちらの方が厄介なので、注意する必要があります。

「전기（電気）chonki ➡ chongi」

「검도（剣道）komto ➡ komdo」

「성질（性質）songchil ➡ songjil」

「정보（情報）chongpo ➡ chongbo」

「불다（吹く）pulta ➡ pulda」

「안 자요（寝ません）an chayo ➡ an jayo」

「손에 든 거, 저 주세요（手に持っているもの、私に下さい）

sone tun ko cho chuseyo ➡ sone dun go cho juseyo」

 学習のポイント 21

濃 音 化

パッチム「ㄱ / ㄷ / ㅂ」＋「ㄱ / ㄷ / ㅂ / ㅅ / ㅈ」➡「ㄲ / ㄸ / ㅃ / ㅆ / ㅉ」

 パッチム「ㄱ / ㄷ / ㅂ」の後に続く「ㄱ / ㄷ / ㅂ / ㅅ / ㅈ」が、濃音に変わって聞こえる現象のことです。

　「ㄱ / ㄷ / ㅂ」は、言葉の頭では破裂音、パッチムでは閉鎖音になります。音の理屈では、「閉鎖音＋破裂音」になるのです。閉鎖音は、次に文字が続いたら、閉鎖を解き、破裂をする準備をします。その際、後ろに、弱有気音の「ㄱ / ㄷ / ㅂ」が続いたら、強有気音の「ㅋ / ㅌ / ㅍ」との混同を避けるために、大量の放出が抑えられることとなります。無気音の濃音は、その結果として生まれるものです。「ㅅ / ㅈ」は、摩擦音、破擦音ですが、閉鎖音「ㄱ / ㄷ / ㅂ」の後に続くという点では、「ㄱ / ㄷ / ㅂ」と同じなので、「ㅅ / ㅈ」も「ㅆ / ㅉ」と発音されることになります。

「적극적（積極的）➡ 적끅쩍」「약속（約束）➡ 약쏙」「특별（特別）➡ 특뼐」

「적자（赤字）➡ 적짜」「깍두기 ➡ 깍뚜기」

「얻고 ➡ 얻꼬」「믿다（信じる）➡ 믿따」「받지 ➡ 받찌」

「입구（入口）➡ 입꾸」「춥다（寒い）➡ 춥따」「십 분（十分）➡ 십뿐」

「잡지（雑誌）➡ 잡찌」「입시（入試）➡ 입씨」

学習のポイント **22**

濃 音 化

パッチム「ㅌ / ㅅ / ㅆ / ㅊ」 ✚「ㄱ / ㄷ / ㅂ / ㅅ / ㅈ」 ➡「ㄲ / ㄸ / ㅃ / ㅆ / ㅉ」

解説 パッチム「ㅌ / ㅅ / ㅆ / ㅊ」の後に続く「ㄱ / ㄷ / ㅂ / ㅅ / ㅈ」が、濃音に変わって聞こえる現象です。「ㅌ / ㅅ / ㅆ / ㅊ」は、パッチムでは「t」と発音されるからです。

「같고 ➡ 갇꼬」「같다 ➡ 갇따」「밑바닥（どん底）➡ 믿빠닥」

「웃고 ➡ 욷꼬」「숫자（数字）→숟짜」「촛불（ろうそくの火）➡ 촏뿔」

「있고 ➡ 읻꼬」「있다 ➡ 읻따」「있습니다 ➡ 읻씀니다」

「쫓고 ➡ 쫃꼬」「쫓다 ➡ 쫃따」「몇 시（何時）➡ 멷씨」

「숯불（炭火）➡ 숟뿔」

 学習のポイント **23**

濃 音 化

パッチム「ㅋ / ㄲ / ㄳ / ㄹ / ㅍ / ㄼ / ㄿ / ㅄ」 ✚「ㄱ / ㄷ / ㅂ / ㅅ / ㅈ」 ➡
「ㄲ / ㄸ / ㅃ / ㅆ / ㅉ」

解説 パッチム「ㅋ / ㄲ / ㄳ / ㄹ / ㅍ / ㄼ / ㄿ / ㅄ」の後に続く「ㄱ / ㄷ / ㅂ / ㅅ / ㅈ」が、濃音に変わって聞こえる現象です。「ㅋ / ㄲ / ㄳ / ㄹ」は、パッチムでは「k」と発音され、「ㅍ / ㄼ / ㄿ / ㅄ」は、パッチムでは「p」と発音されるからです。

「부엌도 ➡ 부억또」「깎지 않다 ➡ 깍찌 안타」

「넋두리 ➡ 넉뚜리」「닭보다 ➡ 닥뽀다」

「읽지 ➡ 익찌」「읽고 ➡ 익꼬」「읽다 ➡ 익따」

「밟고 ➡ 밥꼬」「밟지 않다 ➡ 밥찌 안타」「밟다 ➡ 밥따」

「읊다 ➡ 읍따」「읊고 ➡ 읍꼬」「읊지 않다 ➡ 읍찌 안타」

「없다 ➡ 업따」「없고 ➡ 업꼬」「없지 ➡ 업찌」

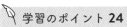 学習のポイント **24**

 濃 音 化

パッチム「ㅎ / ㄶ / ㅀ」＋「ㅅ」 ➡ 「ㅆ」

解説 パッチム「ㅎ / ㄶ / ㅀ」の後に続く「ㅅ」が、濃音に変わって聞こえる現象です。

「그렇습니다 ➡ 그러씀니다」「좋습니다 ➡ 조씀니다」

「괜찮습니다 ➡ 괜찬씀니다」「많습니다 ➡ 만씀니다」

「가지 않습니다 ➡ 가지안씀니다」

「옳습니다 ➡ 올씀니다」「싫습니다 ➡ 실씀니다」

 学習のポイント **25**

 濃 音 化

動詞・形容詞語幹パッチム「ㄴ / ㄵ / ㅁ / ㄻ」＋「ㄱ / ㄷ / ㅂ / ㅅ / ㅈ」 ➡
「ㄲ / ㄸ / ㅃ / ㅆ / ㅉ」

解説 動詞・形容詞語幹パッチム「ㄴ / ㄵ / ㅁ / ㄻ」の後に続く「ㄱ / ㄷ / ㅂ / ㅅ / ㅈ」が、濃音に変わって聞こえる現象です。本来は、有声音化しますが、語尾の場合は、濃音に変わります。

「안다（抱く / 抱える）➡ 안따」「안고 ➡ 안꼬」「안지 ➡ 안찌」

「앉다（座る）➡ 안따」「앉고 ➡ 안꼬」「앉지 ➡ 안찌」

「남다（残る / 余る）➡ 남따」「남고 ➡ 남꼬」「남지 ➡ 남찌」

「젊다（若い）➡ 점따」「젊고 ➡ 점꼬」「젊지 ➡ 점찌」

 学習のポイント **26**

 濃 音 化

パッチム「ㄹ / ㄼ / ㄾ」＋「ㄱ / ㄷ / ㅂ / ㅅ / ㅈ」 ➡ 「ㄲ / ㄸ / ㅃ / ㅆ / ㅉ」

解説 パッチム「ㄹ / ㄼ / ㄾ」の後に続く「ㄱ / ㄷ / ㅂ / ㅅ / ㅈ」が、濃音に変わって聞こえる現象です。本来は、有声音化しますが、依存名詞や語尾の場合、濃音に変わります。

「ㄹ」は、舌端で歯茎を軽く弾くことで発生する音です。舌で歯茎を弾くので、一部口の中が閉鎖状態になります。閉鎖は、次に文字が続いたら、破裂するので、解かなければなりません。その際、後ろに、弱有気音の「ㄱ / ㄷ / ㅂ」が続いたら、強有気音の「ㅋ / ㅌ / ㅍ」との混同を避けるために、大量の放出が抑えられることになります。無気音の濃音は、その結果として生まれるものです。

「갈대（葦）→ 갈때」「열 대（十台）→ 열때」「달빛（月光）→ 달삗」

「여덟 개（八個）→ 여덜깨」「여덟 살（八歳）→ 여덜쌀」

「넓다（広い）→ 널따」「얇지 않다 → 얄찌안타」

「핥다（舐める）→ 할따」「핥고 → 할꼬」

✎ 学習のポイント 27

濃 音 化

漢字語の濃音化

解説 漢字語の 2 文字目以降に続く「ㄱ / ㄷ / ㅂ / ㅅ / ㅈ」が、濃音に変わって聞こえる現象です。別単語であることを示すためですが、そうならないものもあり、はっきりしません。

「물가（物価）→ 물까」「정가（定価）→ 정까」「도매가（卸売値）→ 도매까」

「사건（事件）→ 사껀」「조건（条件）→ 조껀」「안건（案件）→ 안껀」

「내과（内科）→ 내꽈」「외과（外科）→ 외꽈」「산부인과（産婦人科）→ 산부인꽈」

「여권（旅券）→ 여꿘」「발권（発券）→ 발꿘」「도서권（図書券）→ 도서꿘」

「발달（発達）→ 발딸」「발생（発生）→ 발쌩」「발전（発展）→ 발쩐」

「결단（決断）→ 결딴」「출생（出生）→ 출쌩」「출제（出題）→ 출쩨」

「절대（絶対）→ 절때」「결사（決死）→ 결싸」「결정（決定）→ 결쩡」

「문법（文法）→ 문뻡」「헌법（憲法）→ 헌뻡」「민법（民法）→ 민뻡」

「보험증（保険証）→ 보험쯩」「면허증（免許証）→ 며너쯩」

学習のポイント **28**

濃 音 化

依存名詞の濃音化

 連体形「ㄹ / 을」に続く「ㄱ / ㄷ / ㅂ / ㅅ / ㅈ」が、濃音に変わって聞こえる現象です。対象となる依存名詞は、「것」「데」「바」「지」「수」「줄」「듯」などです。

「잘 줄 알았다（寝ているものと思った）➡ 잘쭈라랃따」

「갈지도 모른다（行くかもしれない）➡ 갈찌도모른다」

「할 수 있어요（出来ます）➡ 할쑤이써요」

「살 거예요（住みます / 住んでいると思います）➡ 살꺼예요」

「올게요（来ます）➡ 올께요」

「알 바 아니죠（知ったことじゃありません）➡ 알빠아니죠」

「먹을 데 있어（食べるところ、ある）➡ 머글떼이써」

「마칠 것（終わらせること）➡ 마칠껃」

 学習のポイント **29**

濃 音 化

合成語の濃音化

 合成語の後ろにある「ㄱ / ㄷ / ㅂ / ㅅ / ㅈ」が、濃音に変わって聞こえる現象です。別の単語であることを示すためです。

「비빔밥 ➡ 비빔빱」「떡국 ➡ 떡꾹」「콩나물국 ➡ 콩나물꾹」

「길가 ➡ 길까」「강가 ➡ 강까」

「눈길 ➡ 눈낄」「손길 ➡ 손낄」

「술병 ➡ 술뼝」「맥주병 ➡ 맥주뼝」

「술집 ➡ 술찝」「이웃집 ➡ 이욷찝」

「보름달 ➡ 보름딸」「가죽신 ➡ 가죽씬」「용돈 ➡ 용똔」

「태양빛 ➡ 태양삗」「기름기 ➡ 기름끼」

「사냥개 ➡ 사냥깨」「젖소 ➡ 젇쏘」「들새 ➡ 들쌔」

学習のポイント 30

激 音 化

パッチム 「ㄱ / ㄷ / ㅂ / ㅈ」 ➕ 「ㅎ」 ➡ 「ㅋ / ㅌ / ㅍ / ㅊ」

パッチム 「ㅎ」 ➕ 「ㄱ / ㄷ / ㅂ / ㅈ」 ➡ 「ㅋ / ㅌ / ㅍ / ㅊ」

解説 代表発音「ㄱ / ㄷ / ㅂ / ㅈ」の前後に、「ㅎ / ㄶ / ㅀ」があると、「ㅎ」が合体し、激音に変わって聞こえる現象のことです。ただし、パッチム「ㄷ」＋「ㅎ」は「ch」になります。

「국화（菊）➡ 구콰」「똑똑하다（賢い）➡ 똑또카다」

「집합（集合）➡ 지팝」「밟히다（踏まれる）➡ 발피다」

「맞히다（当てる）➡ 마치다」「앉히다（座らせる）➡ 안치다」

「급히（急に）➡ 그피」「솔직히（率直に）➡ 솔찌키」

「많다（多い）➡ 만타」「싫다（嫌だ）➡ 실타」

「낮하고（昼と）➡ 나타고」「못하다（出来ない）➡ 모타다」

「좋고→조코」「그렇지 ➡ 그러치」

「내 몫하고（僕の取り分と）➡ 내모카고」

「돈 잃고（お金を掏って）➡ 돈닐코」

「넓힌 일（広げたこと）➡ 널핀닐」

「빨갛게 익은（赤く熟れた）➡ 빨가케이근」

　激音化は、言葉の中で起きるものですが、連続する言葉間で起きることもよくあります。

「밥 한 끼（ご飯一杯）➡ 바판끼」

「꽃 한 송이（花一輪）➡ 꼬탄송이」

「집 한 칸（家一軒）➡ 지판칸」

「옷 한 벌（服一着）➡ 오탄벌」

「오직 한 사람（ただ一人）➡ 오지칸사람」

「몇 해 됐지?（何年経ったっけ？）➡ 며태됃찌」

「몇 학년이니?（何年生？）➡ 며탕녀니니」

「더욱 향상（もっと向上）➡ 더우캉상」

学習のポイント 31

流 音 化

「ㄹ / ㄼ / ㄾ」＋「ㄴ」 ➡ 「ㄹ / ㄼ / ㄾ」＋「ㄹ」

「ㄴ」＋「ㄹ / ㄼ / ㄾ」 ➡ 「ㄹ」＋「ㄹ / ㄼ / ㄾ」

 「ㄹ / ㄼ / ㄾ」の前後の「ㄴ」が、「ㄹ」に変わって聞こえる現象のことです。

「진리（真理）➡ 질리」「편리（便利）➡ 펼리」「관리（管理）➡ 괄리」

「칼날（刃）➡ 칼랄」「설날（お正月）➡ 설랄」「실내（室内）➡ 실래」

「앓는다（床に臥せている）➡ 알른다」「닳네（すり減るな）➡ 달레」

「핥는（舐める）➡ 할른」

　流音化は、言葉の中で起きるものですが、連続する言葉間で起きることもよくあります。

「일 년（1年）➡ 일련」

「잘 논다（よく遊んでいる / 全くふざけている）➡ 잘론다」

「나 일 나가요（俺、仕事、行きますよ）➡ 나일라가요」

「김익렬 님（キム・インリョル様）➡ 기밍녈림」

「열 나는가 봐（熱、出ているっぽい）➡ 열라는가봐」

「설 내에（三が日のうちに）➡ 설래에」

この現象が起きる理由ですが、「ㄴ」と「ㄹ」とが、同じ舌を使う音であることと、調音位置が同じ歯茎で、同化しやすい性質を持っていることが挙げられます。

学習のポイント 32

 口 蓋 音 化

パッチム「ㄷ」+「이」→「지」「パッチム「ㅌ」+「이」→「치」
パッチム「ㄷ」+「히」→「치」

解説　パッチム「ㄷ / ㅌ」が、「이」や「이」を含む母音、「히」に出合ったら、「j/ch」に変わって聞こえる現象のことです。

　口蓋とは、口腔と鼻腔とを分離している口腔上壁のことで、前の方の硬い部分を硬口蓋、後方の柔らかい部分を軟口蓋と言います。「ㄱ / ㄲ / ㅋ」が軟口蓋音、「ㅈ / ㅉ / ㅊ」が硬口蓋音に当たります。
　口蓋音化は、口蓋の付近で発音される「이」が、離れたところで発音される「ㄷ / ㅌ」を嫌い、近くにある硬口蓋音「ㅈ / ㅊ」を呼び寄せることから起きます。

「해돋이 ➡ 해도지」「굳이 ➡ 구지」「곧이 ➡ 고지」

「같이 ➡ 가치」「피붙이 ➡ 피부치」「낱낱이 ➡ 난나치」

「굳히다 ➡ 구치다」「닫히다 ➡ 다치다」「묻혀 ➡ 무쳐」

「밑이 ➡ 미치」「솥이 ➡ 소치」

学習のポイント 33

 ㄴ 添 加

パッチム「ㄱ / ㄷ / ㅂ / ㄴ」+「이 / 야 / 여 / 요 / 유」➡
パッチム「ng/n/m/n」+「니 / 냐 / 녀 / 뇨 / 뉴」

解説　合成語、または、単語間で、パッチム「ㄱ / ㄷ / ㅂ / ㄴ」に「이 / 야 / 여 / 요 / 유」が続いたら、母音に「n」が添加され、聞こえる現象のことです。「n」が追加されたら、その前のパッチム「ㄱ / ㄷ / ㅂ」が、「ng/n/m」に変わって聞こえます。

「맨입 ➡ 맨닙」「부산역 ➡ 부산녁」

「늦여름 ➡ 는녀름 ➡ 는녀름」

「막일 ➡ 막닐 ➡ 망닐」

「앞일 ➡ 압닐 ➡ 암닐」

「한국여행 ➡ 한국녀행 ➡ 한궁녀행」

「깻잎 ➡ 깯닙 ➡ 깬닙」

「꽃이름 ➡ 꼳니름 ➡ 꼰니름」

「옷 입다 ➡ 옫닙따 ➡ 온닙따」

「영업용 ➡ 영업뇽 ➡ 영엄뇽」

「무슨 요일 ➡ 무슨뇨일」

「못 일어나요 ➡ 몯니러나요 ➡ 몬니러나요」

「안 입어요 ➡ 안니버요」

「부엌일 ➡ 부억닐 ➡ 부엉닐」

　「ㄴ」添加の標準発音を守らない人は、そのまま連音して発音したりします。実際、下記のように話す人もいます。

「늦여름（晩夏）➡ 는녀름 ➡ 느뎌름」

「막일（雑役 / 荒仕事）➡ 마길」

「앞일（先の事）➡ 압일 ➡ 아빌」

「한국여행（韓国旅行）➡ 한구겨행」

「꽃이름（花の名前）➡ 꼳이름 ➡ 꼬디름」

「옷 입다（服を着る）➡ 옫입따 ➡ 오딥따」

「영업용（営業用）➡ 영어뵹」

「못 일어나요（起きられません）➡ 몯이러나요 ➡ 모디러나요」

「안 입어요（着ません）➡ 안이버요 ➡ 아니버요」

「부엌일（台所仕事）➡ 부억일 ➡ 부어길」

一方、下記も「ㄴ」添加の一種と見ることが出来ます。「ㄴ」添加の後、流音化が起きている例です。

「서울역 ➡ 서울녁 ➡ 서울력」「알약（錠剤）➡ 알냑 ➡ 알략」

「휘발유（ガソリン）➡ 휘발뉴 ➡ 휘발류」「볼일（用事）➡ 볼닐 ➡ 볼릴」

「풀잎（草葉）➡ 풀닙 ➡ 풀립」

「잘 입다 ➡ 잘닙따 ➡ 잘립따」「열여덟 ➡ 열녀덜 ➡ 열려덜」

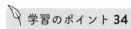

学習のポイント 34

「ㅎ」の発音

> 解説　「h」に聞こえるのは、文字の頭に来る時だけで、それ以外はすべて変化します。後ろに母音が来たら、「h」は聞こえなくなります。「ㅅ」が来たら、「t」に聞こえます。前後に「ㄱ / ㄷ / ㅂ / ㅈ」が来たら、「h」が消え、「ㅋ / ㅌ / ㅍ / ㅊ」で発音されます。また、「ㅎ」がパッチム「ㄴ / ㄹ / ㅁ / ㅇ」の後に来たら、人によって発音がばらばらになります。

「확인해 주세요（確認して下さい）hwagine/hwaginhe juseyo」

「회사（会社）hwesa」

「영화 좋아해요（映画、好きです）yonghwa/yongwa choaheyo」

「좋겠어요（いいです）chokessoyo」

「생각해요（思います／考えます）sengakeyo」

「좋다고 했어요（いいと言いました）chotago hessoyo」

「복잡하니까（複雑だから／混んでいるから）pokchapanikka」

「좋지요（いいですね）chochiyo」

「전화해요（電話します）chonhwaheyo/chonwaheyo」

「결혼식에 (結婚式に) kyolhonsige/kyoronsige」

第 4 章
不規則の聞こえ方、見分け方

この章では、動詞・形容詞の不規則活用を説明します。不規則になると、聞こえ方、見分け方も違ってくるため、それらの構造を覚えておくことは、大変重要です。本書の不規則の説明は、著者オリジナルのものです。日本語に合わせ、分かりやすさを第一に執筆しました。

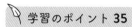

使い方

> 動詞・形容詞陽母音語幹 **＋** 아요
>
> 動詞・形容詞陰母音語幹 **＋** 어요

学習のポイント 35

解説 動詞・形容詞語幹に「아 / 어」の形をした語尾がつくと、ルール通りに聞こえない不規則です。

1 아어다 型

見分け方

語幹の最後に「아 / 어」があると、語尾の母音が縮約され、1つの母音になります。

「가（다）→ 가 **＋** 아요 → 가요」（行く⇒行き＋ます→行きます）

「서（다）→ 서 **＋** 어요 → 서요」（止まる⇒止まり＋ます→止まります）

「만나（다）→ 만나 **＋** 아서 → 만나서」（会う⇒会い＋て→会って）

2 오우다 型

見分け方

語幹の最後に「오 / 우」があると、後ろの「아 / 어」と合体し「와 / 워」になります。

「바꾸（다）→ 바꾸 **＋** 어요 → 바꿔요」（変える⇒変え＋ます→変えます）

「보（다）➡ 보 + 아요 ➡ 봐요」（見る⇒見 + ます→見ます）

3 하다 型

見分け方

「하다」の形をしているものは、「해요」になります。

「좋아하（다）➡ 좋아하 + 어요 ➡ 좋아해요」
（好きだ⇒好き + です→好きです）

「도착하（다）➡ 도착하 + 어서 ➡ 도착해서」（着く⇒着き + て→着いて）

「인사하（다）➡ 인사하 + 었 + 어요 ➡ 인사했어요」
（あいさつする⇒あいさつし + た + ます→あいさつしました）

4 되다 型

見分け方

「되다」の形をしているものは、「돼요」になります。「돼」になるのは、後ろに「아 / 어」系の語尾が来る時なので、子音が頭にある語尾は、「돼」ではなく、「되」そのままです。「되」と「돼」は、ほぼ同じ音です。2 つを区別するポイントは、音ではなく、後ろに来る語尾の種類です。「되 + 어」は、そのまま「되어」と発音することもよくあります。

「걱정되（다）➡ 걱정되 + 어요 ➡ 걱정돼요」
（気になる⇒気になり + ます→気になります）

「할인되（다）➡ 할인되 + 었 + 어요 ➡ 할인됐어요」
（割引される⇒割引され + た + ます→割引されました）

5 이여다 型

　語幹の最後に「이 / 여」があると、「이」は「이＋어⇒여」になり、「여」は「여＋어⇒여」になります。

「그리（다）➡ 그리＋어야 ➡ 그려야」（描く⇒描か＋なきゃ→描かなきゃ）

「보이（다）➡ 보이＋어요 ➡ 보여요」（見える⇒見え＋ます→見えます）

「펴（다）➡ 펴＋어요 ➡ 펴요」（広げる⇒広げ＋ます→広げます）

6 애에다 型

見分け方

　語幹の最後に「애 / 에」があると、語尾の「어」が吸収され「애 / 에」になります。

「보내（다）➡ 보내＋어요 ➡ 보내요」（送る⇒送り＋ます→送ります）

「세（다）➡ 세＋어요 ➡ 세요」（数える⇒数え＋ます→数えます）

7 으다 型

見分け方

　語幹の最後に「ㅡ」があると、「으」が脱落し、その後に「아 / 어」が続きます。

「크（다）➡ 크＋어요 ➡ 커요」（大きい⇒大きい＋です→大きいです）

「예쁘（다）➡ 예쁘＋어서 ➡ 예뻐서」
（綺麗だ⇒綺麗＋なので→綺麗なので）

「아프（다） ➡ 아프 ＋ 았 ＋ 어요 ➡ 아팠어요」
（痛い⇒痛い＋かった＋です→痛かったです）

르다 型

見分け方

語幹の最後に「르」があると、「르」の「ㅡ」が落ち、前にパッチム「ㄹ」が添加され、その形に「아／어」がついたものになります。

「배가 부르（다） ➡ 배가 부르 ＋ 어요 ➡ 배가 불러요」
（お腹が一杯だ⇒お腹が一杯＋です→お腹が一杯です）

「빠르（다） ➡ 빠르 ＋ 아요 ➡ 빨라요」
（はやい⇒はやい＋です→はやいです）

ㄷ 型

見分け方

語幹の最後に「ㄷ」があると、「ㄷ」と「ㄹ」が入れ替わります。ただし、「닫다（閉める）」「믿다（信じる）」「얻다（得る）」は、そうなりません。

「듣（다） ➡ 듣 ＋ 어요 ➡ 들어요」（聞く⇒聞き＋ます→聞きます）

「걷（다） ➡ 걷 ＋ 어서 ➡ 걸어서」（歩く⇒歩い＋て→歩いて）

ㅂ型

語幹の最後に「ㅂ」があると、「ㅂ」が「우」に変わります。そこに「어」が続くと、合体され、「워」になります。「좁다（狭い）」「잡다（つかむ）」は、そうなりません。「돕다」は、「도와」になります。

「고맙（다）➡ 고맙 + 어요 ➡ 고마워요」
（ありがたい⇒ありがたい + です→ありがとうございます）

「반갑（다）➡ 반갑 + 었 + 어요 ➡ 반가웠어요」
（会えて嬉しい⇒会えて嬉しい + かった + です→お会いできて嬉しかったです）

ㅅ型

見分け方

語幹の最後に「ㅅ」があると、「ㅅ」が脱落してなくなり、後ろに「아 / 어」がつきます。「씻다（洗う）」は、そうなりません。

「낫（다）➡ 낫 + 았 + 어요 ➡ 나았어요」
（治る⇒治り + た + ます→治りました）

「짓（다）➡ 짓 + 어요 ➡ 지어요」
（建てる⇒建て + ます→建てます）

Ⅱ「ㄹ게요 / 을게요」系

使い方

動詞・形容詞・있다 / 없다パッチム有語幹 **+** 을게 / 을까요？ など

動詞・形容詞・이다パッチム無語幹 **+** ㄹ게 / ㄹ까요？ など

学習のポイント 36

解説 動詞・形容詞語幹に、「ㄹ게요 / 을게요」「ㄹ까요?/ 을까요?」のように、パッチム有無でつき方が変わる語尾が来ると、ルール通りにならないものです。

1 ㄷ型

見分け方

　語幹の最後に「ㄷ」があると、「ㄷ」と「ㄹ」が入れ替わります。ただし、「닫다（tatta）（閉める）」「믿다（mitta）（信じる）」「얻다（otta）（得る）」は、対象外です。

「듣(다) ➡ 듣 **+** 을래요? ➡ 들을래요?」(聞く⇒聞き＋ますか？→聞きますか？)

「걷 (다) ➡ 걷 **+** 을게요 ➡ 걸을게요」（歩く⇒歩き＋ます→歩きます）

「묻 (다) ➡ 묻 **+** 을 거예요 ➡ 물을 거예요」
（訊く⇒訊く＋つもりです→訊くつもりです）

2 ㄹ型

見分け方

　語幹の最後に「ㄹ」があると、「ㄹ」が脱落して聞こえます。

「알（다）➡ 알 ＋ 을까요 ？ ➡ 알까요 ？」
（分かる⇒分かる＋でしょうか？→分かるでしょうか？）

「걸（다）➡ 걸 ＋ 을게요 ➡ 걸게요」（かける⇒かけ＋ます→かけます）

「힘들（다）➡ 힘들 ＋ 을까요 ？ ➡ 힘들까요 ？」
（大変だ⇒大変＋でしょうか？→大変でしょうか？）

見分け方

　語幹の最後に「ㅂ」があると、「ㅂ」が「우」に変わります。そこにパッチム無語尾が続くので、「울 / 운」などになります。ただし、「좁다（狭い）」「잡다（つかむ）」は、そうなりません。

「맵（다）➡ 맵 ＋ 을까요 ？ ➡ 매울까요 ？」
（辛い⇒辛い＋でしょうか？→辛いでしょうか？）

「어렵（다）➡ 어렵 ＋ 은 것 ➡ 어려운 것」
（難しい⇒難しい＋こと→難しいこと）

見分け方

　語幹の最後に「ㅅ」があると、「ㅅ」が脱落してなくなり、後ろにパッチム有の語尾が聞こえます。「씻다 ssitta（洗う）」は、対象外です。

「낫（다）➡ 낫 ＋ 으려고 ➡ 나으려고」（治る⇒治ろ＋うと→治ろうと）

「짓（다）➡ 짓 ＋ 을까요 ？ ➡ 지을까요 ？」
（建てる⇒建て＋ましょうか？→建てましょうか？）

III「습니다」系

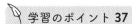
使い方

動詞・形容詞パッチム有語幹 ＋ 습니다
動詞・形容詞パッチム無語幹 ＋ ㅂ니다

学習のポイント 37

解説 動詞・形容詞語幹に「ㅂ니다／습니다」の形をするものがつくと、ルール通りにならないものです。

「습니다」だけが他と違い、独自の活用をするのは、元々「ㅂ니다／읍니다」の丁寧形で、別の活用体系を持っていた「습니다」を「ㅂ니다／습니다」に統合したからです。

1 ㄹ 型

見分け方

語幹の最後に「ㄹ」があると、「ㄹ」が脱落して聞こえます。

「걸（다）➡ 걸 ＋ ㅂ니다 ➡ 겁니다」（かける⇒かけ＋ます→かけます）

「알（다）➡ 알 ＋ 는 사람 ➡ 아는 사람」
（分かる⇒分かる＋人→知っている人）

「불（다）➡ 불 ＋ 는 곳 ➡ 부는 곳」（吹く⇒吹く＋ところ→吹くところ）

MEMO

第 5 章
助詞・依存名詞

　この章では、助詞・依存名詞の中でTOPIK
IIレベルのもの、TOPIK Iレベルのもので
も、TOPIK IIの学習に必要と判断されるも
のを取り上げます。ここに挙げていないも
のは、『ゼロからスタート　韓国語能力試
験TOPIK Iテキスト』（イム・ジョンデ著
秀和システム刊）をご覧下さい。

「께서」人間名詞＋が

🔊 track 010

見分け方

「이 / 가」の尊敬形で、先生、両親、祖父、社長など、上級の敬語を使う相手につけて使います。

① 「께서」➡「人間名詞＋が」

사장님께서 만드신 전자책 구독 서비스를 소개해 주시죠 .	社長が作られた電子書籍講読サービスを紹介して頂けますか。
아까 아버님께서 그리 말씀하셨어요 .	さっき、お父さんがそのようにおっしゃっていました。
그쪽 파란색 옷 입으신 분께서 말씀하신 대로입니다 .	そちらの青い服を着られた方が、おっしゃった通りです。

使い方

人間名詞 ＋ 께서

「께」「께는」「께도」人間名詞＋に / には / にも

🔊 track 011

見分け方

「한테 / 한테는 / 한테도」の尊敬形で、先生、両親、祖父、社長など、上級の敬語を使う相手につけて使います。

① 「께 / 께는 / 께도」➡「人間名詞＋に／には／にも」

오늘 선생님께 연락 드리려고요 .	今日、先生にご連絡しようと思っています。
아버님께도 허락 받았어요 .	お父さんにも許可いただきました。
의원님께는 말씀드렸습니다 .	先生（議員）にはお話ししました。

使い方

人間名詞 **+** 께 / 께는 / 께도

「만」名詞・助詞＋だけ / ばかり

◀) track 012

見分け方

名詞や助詞の後につけて、他は制限し、特定の何かを限定して言う時に使います。

① 「만」➡「名詞・助詞＋だけ / ばかり」

재학생만을 대상으로 하는 것은 별로 바람직하지 않습니다 .	在校生だけを対象にするのは、あまり望ましくありません。
홍보만 열심히 한다고 다 되는 건 아니잖아요 .	広報ばかり、一生懸命やるからといって、すべてがオーケーではないじゃないですか。
만화나 동영상만으로는 충분하지 않겠죠 .	漫画や動画だけでは、充分じゃないでしょうね。

名詞・助詞 + 만

「조차」名詞＋すら

見分け方

名詞の後について、不期待、不願望の最後の対象であることを表します。プラスイメージはあまりありません。

① 「조차」➡「名詞＋すら」

| 우리 아빠는 카드 결제조차 제대로 할 줄을 모른다 . | うちのパパは、カード決済すら、まともに出来ない。 |
| 문화재조차 제대로 못 찾아오는 외교를 외교라 할 수 있는가 . | 文化財すら、きちんと取り返せない外交を、外交と言えるのか。 |

使い方

名詞 + 조차

「랑 / 이랑」「名詞＋やら」「名詞＋と」

見分け方

名詞の後につけて、それが並列、または、共同の対象であることを表します。主に話し言葉で、「하고」をわがこと化する言い方として使います。

① 「랑 / 이랑」 ➡ 「名詞＋やら / と」

악기랑 보면대랑 잊어먹지 말고 다 가져와야 돼 .	楽器やら譜面台やら、忘れないで、全部持って来なきゃだめだよ。
토마토 심은 날짜랑 화분 베란다로 옮긴 날이랑 같은 날이었나 ?	トマトを植えた日と、植木鉢をベランダに移した日は同じ日だったっけ？

使い方

名詞 **＋** 랑 / 이랑

「나 / 이나」 名詞＋や / でも / も

◀») track 015

見分け方

名詞の後につけて、それが、あまり価値を置けない対象、または、百歩譲っても、なお無価値な対象であることを表します。

① 「나 / 이나」 ➡ 「名詞＋や」

문화재 환수에는 정부 간 대여나 기증 등의 방식이 있다고 한다 .	文化財を取り戻すには、政府間貸与や寄贈などの方式があるという。
비타민이나 콜라겐 같은 영양 성분이 있기 때문이다 .	ビタミンやコラーゲンのような栄養成分があるからだ。

② 「나 / 이나」 ➡ 「名詞＋も」

작년에 비해 60% 나 증가하였다 .

昨年に比べ、60％も増加した。

다이아몬드만큼이나 비싸게
팔린다고 한다 .

ダイヤモンドに並ぶくらい、高く売れる
という。

③ 「나 / 이나」 ➡ 「名詞＋でも」

여기 이 쓰레기나 좀 치우고
얘기해라 .

ここの、このゴミでもちょっと片づけて
から話せよ。

나하고 고기나 먹자고 ? 너하고
고기 같은 거 먹을 시간 없는데 ?

俺と肉でも食おうって？　お前と肉なん
か食う時間ないけど？

使い方

名詞 ＋ 나 / 이나

「나마 / 이나마」 名詞・副詞＋だけでも

◀)) track 016

見分け方

名詞・副詞の後について、満足とまではいかなくても、それなりに認められるという
時に使います。

① 「나마 / 이나마」 ➡ 「名詞・副詞＋だけでも」

팀이 우승하는 데 조금이나마 보탬
이 된 것 같아 기쁩니다 .

チームの優勝に、少しだけでも、役に立っ
たようで嬉しいです。

직원을 추가 고용해서 일상 업무나마 재개시키기로 하였다 .	職員を追加雇用し、 日常の業務だけでも、 再開させることにした。
잠시나마 일 생각은 잊으시고 좋은 시간 보내시기 바랍니다 .	少しだけでも、仕事のことは忘れて、楽 しい時間をお過ごしいただけますように、 よろしくお願い致します。

使い方

名詞・副詞 + 나마 / 이나마

「에서부터」名詞 + から

◀)) track 017

見分け方

　名詞の後について、その範囲のスタート・行動の出発点であることを言う時に使います。

① 「에서부터」 ➡ 「名詞＋から」

소소한 일상에서부터 국정 전반에 이르기까지 왕의 시점에서 기록한 책이다 .	些細な日常から、国政全般に至るまで、 王の視点から記録した本だ。
잇몸에서부터 어금니까지 성한 데가 별로 없다 .	歯ぐきから奥歯まで、まともなところが あまりない。

使い方

名詞 **+** 에서부터

「로부터 / 으로부터」名詞 **+** から

🔊 track 018

見分け方

名詞の後について、それが話題の出所であることを言う時に使います。

① 「로부터 / 으로부터」➡「名詞 **+** から」

사회로부터 받은 이익은 사회에 환원하는 것이 기업의 책임이다.	社会から受けた利益は、社会に還元するのが、企業の責任だ。
본사로부터 인사이동에 대한 새로운 방침이 전달되어 왔다.	本社から、人事異動に対する新しい方針が伝達されてきた。

使い方

名詞 **+** 로부터 / 으로부터

「로서 / 으로서」名詞 **+** として（地位・身分・資格）

🔊 track 019

見分け方

名詞の後について、それが、地位、身分、資格であることを言う時に使います。

① 「로서 / 으로서」 ➡ 「名詞＋として」

배우로서 또 감독으로서 영화계에 많은 업적을 남겼다 .	俳優として、また、監督として、映画界に多くの業績を残した。
우리 회사 대표로서 30 여 년을 근무해 오셨습니다 .	わが社の代表として、30 年余りを勤務して来られました。
어찌 자식으로서 부모한테 그런 말을 할 수 있단 말인가 .	どうして、子供として、親にそういうことを言えようか。
이 사회의 구성원으로서 먼저 타인을 배려하고 존중하는 마음을 갖추어야 할 것입니다 .	この社会の構成メンバーとして、まず、他人を配慮し、尊重する心を持たなければならないと思います。

使い方

名詞 **＋** 로서 / 으로서

「로써 / 으로써」 名詞＋をもって」（材料・手段・道具） ◀)) track 020

聞こえ方

　名詞の後につけて、それが、材料、原料、手段や道具であることを言う時に使います。「로 / 으로」を強調する言い方です。「ㅁ / 음＋로써 / 으로써」は、理由を言う時に使います。

① 「로써 / 으로써」 → 「名詞＋をもって」

이것으로써 주주총회를 모두 마치도록 하겠습니다.	これを持ちまして、株主総会をすべて終了させて頂きます。
이러한 문제는 우리 경영진과 여러 분들과의 협력과 인내로써만 해결될 수 있을 겁니다.	こういう問題は、われわれ経営陣と、皆さんとの協力と忍耐をもってのみ、解決できるものと思われます。

② 「로써 / 으로써」 → 「名詞＋ことにより」

여기서 재배한 식물을 판매함으로써 경제적으로도 큰 도움이 되고 있다.	ここで栽培した植物を販売することによって、経済的にも大いに助かっている。
이번 불상사는 필요 이상으로 지출을 제한함으로써 생긴 문제이다.	今回の不祥事は、必要以上に支出を制限したことによって、起こった問題だ。
골고루 인재를 등용함으로써 정치 세력의 균형을 이루고자 했던 것이다.	あまねく人材を登用することにより、政治勢力の均衡を図ろうとしたのである。

使い方

名詞 ＋ 로써 / 으로써

「이자」名詞＋でありながら

見分け方

名詞の後につけて、その資格とともに、また別の資格があることを言う時に使います。

---

① 「이자」 ➡ 「名詞＋でありながら」

선수이자 감독으로 유럽 프로 팀에서 활약했다.

選手でありながら、監督として、ヨーロッパのプロチームで活躍した。

한 대학의 학장이자 또 교수로서 많은 제자를 길러내셨습니다.

一大学の学長でありながら、また教員として、多くの弟子を育てられました。

상점들의 불빛은 밤거리를 밝히는 가로등이자 보안등의 역할을 한다.

商店の光は、夜道を明かす街路灯かつ保安灯の役割をする。

使い方

名詞 ＋ 이자

「라 / 이라」名詞＋というのか

見分け方

名詞の後につけて、それを言うのか、と言葉に詰まる時に使います。

① 「라 / 이라」→「名詞＋というのか」

내 청춘을 다 바쳐 일한 결과가 이런 대접이라 …	私の青春をすべてささげて働いた結果が、こんな待遇だというのか。
뒤에서 온갖 더러운 짓을 다 해가면서 회사를 무너뜨리려고 했던 게 바로 너라 …	裏で、ありとあらゆる汚い真似をしながら、会社をつぶそうとしたのが、他でもないお前だというのか。

使い方

名詞 ＋ 라 / 이라

｜「라면 / 이라면」名詞＋ならば ｜

🔊 track 023

見分け方

名詞の後について、それが、後の出来事が成立するための条件となることを表します。

① 「라면 / 이라면」→「名詞＋ならば」

서울시에 사는 주민이라면 누구나 다 이용 가능합니다 .	ソウル市に住む住民なら、誰でも、利用可能です。
나라면 물에 뛰어 들지 못했을 겁니다 .	私なら、水に飛び込めなかっただろうと思います。

名詞 + 라면 / 이라면

「끼리」名詞＋どうし

◀)) track 024

名詞の後につき、「そのグループだけで一緒に」と言う時に使います。

① 「끼리」 ➡ 「名詞＋同士」

서로 생각이 같은 사람들끼리 정치 세력을 형성하는 게 당연하다 .	お互いに思いが同じ人同士、政治勢力を形成するのが当然だ。
저희들끼리는 좋은 데 가고 우리한테는 이런 데로 가라는 거예요 ?	自分たち同士は、いいところに行って、われわれには、こんなところへ行けと言うんですか。

② 「끼리끼리」 ➡ 「似た者同士」

끼리끼리 잘도 어울려 다닌다 .	似た者同士、よくもほっつき回るね。

名詞 + 끼리

「같이」名詞＋のように / みたいに

見分け方

名詞の後について、それが持つ典型的な特徴のように、と言う時に使います。

---

① 「같이」→「名詞＋のように / みたいに」

송년회같이 직원들을 위한 행사도 필요하다.	忘年会のように、社員のためのイベント も必要だ。
저 친구는 소같이 일만 하나 봐.	あの友達は、牛みたいに、仕事ばかりし てるみたいだね。
얼음장같이 차가운 바닥에서 하룻밤을 보냈다.	氷みたいに、冷たい床で一晩を過ごし た。
쟤, 새벽같이 일어나서 어딜 간대?	あの子、明け方早く起きてどこに行く の？
하루도 안 빼놓고 매일같이 지각해요.	一日も欠かさず、毎日のように遅刻しま す。

使い方

名詞 ＋ 같이

「처럼」名詞＋のように / みたいに

見分け方

名詞の後について、それが話題の対象と似ていたり、同じだと言う時に使います。

① 「처럼」 ➡ 「名詞＋のように / みたいに」

나무도 다른 식물들처럼 주변 환경에 민감하다.	木も他の植物のように、周辺の環境に敏感だ。
저 두 사람은 마치 친딸인 것처럼 사이가 좋다.	あの 2 人は、まるで本当の母娘みたいに、仲がいい。
이것은 일반적인 보석처럼 광물로 만들어진 것이 아니다.	これは、一般的な宝石のように、鉱物で作られたわけではない。

 「같이」 と 「처럼」

 「같이」は、対象の持つ典型的な特徴を取り上げて言う時に、「처럼」は、対象が、別のものと似ている、または、同じだと言う時に使います。

결혼같이 인생의 극적인 이벤트는 없다. （✘）	
결혼처럼 인생의 극적인 이벤트는 없다. （〇）	結婚のような人生の劇的なイベントは他にない。

結婚と人生の劇的イベントを、ほぼ同一視するような言い方なので、「결혼같이」は、使えません。「처럼」は、例えるものと対象を同時に出して使うのが一般的です。「새벽같이」「매일같이」は言えるのに「새벽처럼」「매일처럼」が言えない理由は、そこにあります。

使い方

名詞 ＋ 처럼

┃「마다」名詞＋ごとに / によって ┃

🔊 track 027

見分け方

名詞の後について、それがある度に必ず欠かさずに、と言いたい時に使います。

---

① 「마다」→「名詞＋ごとに / によって」

나라마다 문화재 보호에 대한 방법이 다 다르다 .	国ごとに、文化財保護についての方法が、皆違う。
날마다 비가 옵니다 .	毎日雨が降ります。
매 주말마다 놀러 가는 곳	毎週末、遊びに行くところ
2 년마다 정기검사를 받아야 해요 .	2 年ごとに定期検査を受けなければなりません。

使い方

名詞 ＋ 마다

┃「대로」名詞・動詞＋通りに ┃

🔊 track 028

見分け方

「A 대로 B」は、A に則ってそれを変えずに B を展開すると言いたい時に使います。

---

① 「대로」→「名詞＋通りに」

순서대로 맞게 나열한 것	順番通りに正しく並べたもの

내 지시대로 하세요 .

私の指示通りにして下さい。

규칙대로 해야 합니다 .

規則通りにしなければなりません。

② 「ㄴ 대로 / 은 대로」「는 대로」➡「動詞＋通りに」

내가 말한 대로 하세요 .

私が言った通りにして下さい。

들은 대로 하면 돼요 .

聞いた通りにやればいいのです。

바라시는 대로 해 드리겠습니다 .

お望み通りにしてあげます。

달라는 대로 다 줬어요 .

言われた通り、全部あげました。

③ 「는 대로」➡「動詞＋次第」

도착하는 대로 바로 전화 주세요 .

着き次第、すぐ電話下さい。

여기에서 나가는 대로 택시를
타세요 .

ここから出たら、すぐに、タクシーに
乗って下さい。

使い方

名詞 ＋ 대로
動詞語幹 ＋ ㄴ / 은 대로
動詞語幹 ＋ 는 대로

「채」動詞＋まま

🔊) track 029

見分け方

動詞について、その状態そのまま、と言う時に使います。

① 「ㄴ / 은 채」→「動詞＋まま」

문제의 근본 원인을 모른 채 섣불리 예단하는 것은 삼가야 한다 .	問題の根本原因を知らないまま、なまじっか予断するのは、控えなければならない。
고유의 맛과 향은 유지한 채 완전히 새로운 요리를 선보이고 있다 .	固有の味と香りは維持したまま、完全に新しい料理をお目見えしている。
부모님은 바싹 긴장한 채 경찰이 물어 보는 말에 대답하고 있었다 .	両親は、堅く緊張したまま、警察が聞いてくることに答えていた。

使い方

動詞語幹 ＋ ㄴ / 은 채

「나머지」 動詞＋あまり

◀)) track 030

見分け方

動詞について、それが限度を通り越して出てくるものであることを言う時に使います。

① 「나머지」→「残り」

여기에는 세 사람만 남고 나머지는 다 다음 건물로 이동한다 .	ここには、3人だけ残って、残りは、全員次の建物に移動する。
월급에서 생활비만 제하고 나머지는 다 저축한다 .	給料から生活費だけ引いて、残りは、全部貯蓄する。

② 「ㄴ / 은 나머지」 ➡「動詞＋あまり」

일 분 일 초가 급한 나머지 안전벨트 매는 것을 잊어버리거나 하기 때문이다 .	1分1秒を急ぐあまり、安全ベルトを締めるのを忘れたりするからだ。
나는 너무 긴장한 나머지 면접 시험이 끝나자마자 그 자리에서 쓰러지고 말았다 .	私は、緊張し過ぎたあまり、面接試験が終わるや否や、その場に倒れ込んでしまった。

使い方

나머지（名詞）

動詞語幹 ＋ ㄴ / 은 나머지

「탓」名詞・動詞＋せい / ため

◀)) track 031

見分け方

名詞や動詞について、否定的な出来事が起こった理由、原因を言う時に使います。

① 「탓」 ➡「名詞＋のせい」

지금 네 탓이요 내 탓이요 할 때가 아니고 서로 마음을 비워야 합니다 .	今、あなたのせいだとか、俺のせいだとか、言っている場合じゃなくて、お互いに、心を無にしなければなりません。
자기는 잘못이 없고 매번 그렇게 남의 탓으로만 돌릴 겁니까 ?	自分は、悪くなくて、毎回のように、ああやって、他人のせいにばかりするのですか？

먼지 같은 외부의 물리적 자극 탓에 눈물을 흘리는 경우가 있다 .	埃のような外部の物理的刺激のせいで、涙を流すことがある。

② 「는 탓」 ➡ 「動詞・있다 / 없다＋ため」

제사는 까다롭기도 하고 손이 많이 가는 탓에 특히 여성들에게 많은 부담을 준다 .	祭事は、ややこしいこともあり、手間がかかるせいで、特に女性たちに多くの負担を強いる。
그녀는 친정 동생을 데리고 있는 탓에 늘 남편의 눈치를 봐야 했다 .	彼女は、実家の弟を同居させているため、いつもご主人の機嫌を伺わなければいけなかった。

③ 「ㄴ / 은 탓」 ➡ 「動詞・形容詞・이다＋ため」

전반적으로 가계 수입이 감소한 탓에 경기가 살아나고 있지 않다 .	全般的に、家計の収入が減少したため、景気が回復しない。
아버지가 너무 훌륭한 탓에 아들이 늘 주눅이 들어 산다 .	父親があまりにも立派なため、息子がいつも肩身の狭い思いをする。
우리 남편은 성격이 급한 탓에 손해를 볼 때가 종종 있다 .	うちの旦那は、短気なため、損する時が度々ある。

④ 「던 탓」 ➡ 「動詞＋たため」

자기 자신도 남을 괴롭히고 못살게 굴었던 탓에 아무 말도 못한다 .	自分自身も人を苦しめ、虐めていたため、何も言えない。

名詞 **＋** 탓

動詞・形容詞・이다語幹 **＋** ㄴ / 은 탓

動詞・있다 / 없다語幹 **＋** 는 탓

「바람에」動詞＋したがために / 勢いで

🔊)) track 032

見分け方

　動詞について、それが予期せぬ出来事の煽りを受けて起こっていることと言いたい時に使います。

---

① 「는 바람에」 ➡ 「動詞＋したがために」

유리가 바닥에 떨어져 산산조각이 나는 바람에 작업이 중단되었다 .

ガラスが床に落ち、粉々になったがために、作業が中断された。

가스 봄베가 폭발하여 파편이 튀는 바람에 많은 사람이 부상을 입었다 .

ガスボンベが爆発し、破片が飛び散ったがために、たくさんの人がケガをした。

---

② 「ㄴ / 은 바람에」 ➡ 「動詞＋したがために」

하루살이는 입이 퇴화한 바람에 성충이 되어도 먹이를 섭취하지 못한다 .

カゲロウは、口が退化したため、成虫になっても、餌を摂取することが出来ない。

💡 「는 탓에」「는 바람에」「기 때문에」

 「는 탓에」は、迷惑的帰結を、「는 바람에」は、勢い的帰結を、「기 때문에」は、論理的帰結を言う時に使います。

눈물은 98% 가 물로 되어 있는 탓
에 그냥 물인 줄 안다 . （✘）

눈물은 98% 가 물로 되어 있는 바
람에 그냥 물인 줄 안다 . （✘）

눈물은 98% 가 물로 되어 있기 때 涙 は、98% が水で出来ているため、た
문에 그냥 물인 줄 안다 . （〇） だの水だと思われている。

涙の 98% が水なのは、迷惑な話でも、勢いに乗じる話でもないので、「물로 되어 있기
때문에」だけが成立します。

使い方

動詞語幹 ＋ 바람에

「데」ところ、動詞＋するのに

◀》 track 033

見分け方

「데」は、「ところ」とほぼ同じ意味で、同じ働きをします。単独では使えず、常に連
体形を伴います。接続語尾「는데 / 던데」などと違い、連体形と「데」との間を空けて
書きます。「데」が実の空間を表す場合には、後ろに助詞がつきます。抽象的な空間を
表す時には、「時に」「のに」などの意味になります。

① 「는 데」「ㄴ / 은 데」「던 데」「ㄹ / 을 데」 → 「動詞・形容詞・있다 / 없다・이다＋ところ」

죄송하지만 신청서 접수 받는 데가 すみませんが、申請書の受付窓口がどこ
어디인지 가르쳐 주시겠어요 ? なのか、教えて頂けますか？

어디 다친 데는 없는 거지 ?	どこか、ケガしたところはないんだよね。
어릴 때 아빠가 나를 자주 데리고 가던 데가 바로 여기다 .	小さい時、パパが私をよく連れていってくれたりしたところがまさにここだ。
여기 나가면 어디 갈 데라도 있는 거야 ?	ここを出たら、どこか、行くところでもあるの？
유치원 쉬니까 아이 맡길 데를 알아봐야 하는데 .	幼稚園、休みだから、子供を預けられるところを調べなきゃいけないんだけどね。

② 「는 데」 ➡ 「動詞 + のに / 時」

위험물을 다루는 데 주의해야 할 점이 무엇입니까 ?	危険物を扱うのに、注意すべきところは、何ですか？
장소가 멀어 이동하는 데 시간이 꽤 걸린다 .	場所が遠く、移動するのに、時間がかなりかかる。
뿐만 아니라 환경 문제를 해결하는 데도 적극 활용되고 있다 .	のみならず、環境問題を解決するのにも、積極的に活用されている。
이번 연구 결과로 탄수화물 포장재의 미세 구멍을 줄이는 데 많은 도움을 줄 수 있게 되었다 .	今度の研究結果で、炭水化物包装材の微細穴を減らすのに、かなりのヒントを与えられるようになった。

> 使い方

動詞・形容詞・있다 / 없다・이다語幹 **＋** 데

「만큼」 名詞＋ほど
動詞・形容詞・있다 / 없다・이다＋だけに / くらいに

動詞・形容詞・있다 / 없다・이다＋だけに / くらいに

🔊) track 034

> **見分け方**

　「A 만큼 B」は、A に相当する数量、程度、状況、限度などが B に現れることを言う
時に使います。

---

①「만큼」➡「名詞＋ほど」

연극에서 방백만큼 등장인물의
심리를 잘 보여 주는 것은 없다 .

演劇で傍白ほど、登場人物の心理を見事
に見せてくれるものはない。

요즘 바이오 산업만큼 주목을 받는
분야도 없다 .

近頃、バイオ産業ほど、注目される分野
もない。

②「는 만큼」➡「動詞＋だけに」

돈을 더 많이 내는 만큼 당연히 서
비스를 받을 수 있을 것이라 생
각한다 .

お金を余計にもっと払うだけに、当然
サービスを受けられるだろうと考える。

가혹한 업무를 감당하는 만큼 당연
히 그에 상응하는 혜택을 주어
야한다 .

過酷な業務を担当しているだけに、当然
それに相当するメリットが与えられな
ければならない。

③「ㄴ / 은 만큼」➡「動詞＋だけに」

혜택이 큰 만큼 신청 자격에 제한을
두는 것은 당연하다 .

メリットが大きいだけに、申請資格に制
限を設けるのは当然だ。

우주는 지구와 환경이 상이한 만큼 때에 따라서 발상을 완전히 바꾸어야 한다 .

宇宙は、地球と環境が異なるだけに、時によって、発想を完全に変えなければいけない。

우리에게 주어진 시간적 여유가 부족한 만큼 좀더 집중할 필요가 있을 것 같습니다 .

われわれに与えられた時間的余裕が不足しているだけに、より集中する必要がありそうです。

④ 「ㄹ / 을 만큼」 ➡ 「動詞＋くらいに」

수거는 커녕 엉뚱한 곳으로 날려보낼 만큼 필요 이상으로 충격이 가해졌다 .

収去どころか、とんでもないところに吹き飛ばしてしまうくらい、必要以上に衝撃が加えられた。

새로 낸 빵집은 손님들로 북적일 만큼 대성공이었다 .

新たに出店したパン屋は、客でごった返すくらい、大成功だった。

⑤ 「던 만큼」 ➡ 「動詞＋だけに」

개업 때 잘 해나갈 수 있을까 걱정했던 만큼 장사가 잘되는 것을 보니 안심이 되었다 .

開業の時、うまくやっていけるかなと心配しただけに、商売が順調なのを見て、気が楽になった。

동전 자체의 가치가 높았던 만큼 훼손을 많이 당하는 문제가 생겨났다 .

コインそのものの価値が高かっただけに、たくさん傷をつけられる問題が起こった。

使い方

名詞 ＋ 만큼
形容詞語幹 ＋ ㄴ / 은 만큼
動詞・形容詞語幹 ＋ 는 만큼 / 던 만큼

「대신」名詞＋の代わりに、動詞・形容詞＋代わりに

◀)) track 035

見分け方

「A 대신 B」は、A に代わるものとして B があることを言いたい時に使います。

---

① 「대신」➡「名詞＋の代わりに」

무뚝뚝하다는 부산말 대신 표준어
로 고객을 감동시키는 곳이다 .

ぶっきらぼうな釜山の言葉の代わりに、
標準語で顧客を感動させるところだ。

나 대신 주말에 어머니한테 좀 다녀
와 줄래 ?

俺の代わりに、週末にちょっとお母さん
のところに行ってきてくれる？

② 「는 대신」➡「動詞＋する代わりに」

제가 이거 빌려주는 대신에 다음에
저 , 도와주셔야 돼요 .

これを貸してあげる代わりに、今度、私
のことを手伝ってくれないとだめです
よ。

정원을 늘리는 대신 월급을 50% 삭
감하기로 하였다 .

定員を増やす代わり、月給を 50% 削減
することにした。

③ 「ㄴ / 은 대신」➡「形容詞＋い代わりに」

내 남편은 입이 무거운 대신 말수도
적다 .

私の夫は、口が重い代わりに、口数も少
ない。

使い方

名詞 ＋ 대신
動詞・形容詞・이다語幹 ＋ ㄴ / 은 대신
動詞・있다 / 없다語幹 ＋ 는 대신

「내내」名詞＋ずっと、動詞＋している間ずっと

見分け方

　名詞や動詞の後につけて、それが最初から最後までずっとであることを言う時に使います。

---

① 「내내」➡「名詞＋ずっと」

올해는 일 년 내내 좋은 환경 속에서 일을 한 것 같다.	今年は、1年間ずっといい環境の中で仕事をしたように思える。
집으로 돌아오는 동안 그녀의 환한 미소가 내내 나를 미소짓게 했다.	家に帰ってくる間、彼女の明るい笑みが、ずっと私を微笑ませてくれた。
3 일 내내 시간 가는 줄 모르게 재미있었어요.	3 日間ずっと時間が経つのも忘れて、楽しかったです。

② 「는 내내」➡「動詞＋している間ずっと」

오늘따라 유난히 촬영하는 내내 밝게 웃는 모습을 보인다.	今日に限って、とりわけ、撮影している間ずっと、笑う姿を見せてくれる。
고등학교 때 사귄 첫사랑한테 차이고 집에 가는 내내 울었다며?	高校の時、付き合った初恋の人に振られ、家に帰る間ずっと、泣いたって？

使い方

내내（副詞）
動詞語幹 ✚ 는 내내

「커녕」名詞・助詞＋どころか

見分け方

　名詞や助詞につけて、その事実を否定するのはもちろん、後に続く、それよりも下がったり悪かったりするものも全部ひっくるめて否定する意味を表します。

---

① 「커녕」➡「名詞＋どころか」

직장을 잃자 밥커녕 죽도 제대로 못 먹는 신세로 전락하고 말았다.	仕事を失うと、ご飯どころか、おかゆもろくに食べられない境涯に転落してしまった。
작별 인사는커녕 아무런 낌새도 없이 하룻밤 사이에 사라지고 말았다.	別れの挨拶どころか、何の気配もなく、一晩の間に、消えてしまった。

使い方

　名詞・助詞 ＋ 커녕

「셈」「셈치고」
動詞・形容詞・있다 / 없다・이다＋わけだ

◀)) track 038

見分け方

　動詞や形容詞、있다 / 없다、이다などにつけて、「そういう寸法だ、そういう算段だ、～するのと同然だ」と言いたい時に使います。

① 「는 셈이다」 ➡ 「動詞・있다 / 없다＋わけだ」

이제 막내 동생을 무사히 시집 보내게 됐으니 나로서는 돌아가신 아버지와의 약속을 다 지키는 셈이다 .

もう末の妹を無事に嫁がせるのだから、私としては、亡くなった父との約束をすべて守ることになるわけだ。

이것으로 우리 상무한테는 마지막 결제가 되는 셈이다 .

これで、うちの常務には最後の決済になるというわけだ。

② 「ㄴ / 은 셈이다」 ➡ 「形容詞・이다＋わけだ」

서울에 온지 40 년이 넘었으니 이젠 서울이 고향인 셈이다 .

ソウルに来て 40 年を過ぎているのだから、今やソウルが故郷なわけだ。

다음 주가 개강이니 방학도 다 끝난 셈이다 .

来週が開講なのだから、休みももう終わったわけだ。

할아버지 때부터 교회에 출석을 했으니 이른바 골수 기독교인 셈이다 .

祖父の時から教会に出席しているのだから、いわゆる生粋のクリスチャンというわけだ。

③ 「셈치고」 ➡ 「動詞＋た心算で」

볼 건 다 봤으니까 여행한 셈치고 그 돈으로 고기나 먹으러 가자 .

見たいものは全部見たんだから、旅行に行ったつもりで、そのお金で肉でも食いに行こうよ。

영어 공부할 셈치고 불법 동영상에 자막을 달았다는 이야기입니까 ?

英語の勉強をする心算で、不法動画に字幕をつけたという話ですか？

使い方

動詞・形容詞・있다 / 없다・이다語幹 ＋ 셈이다 / 셈치고

「뿐」「뿐만 아니라」名詞＋きり / だけ、動詞＋だけ   🔊) track 039

見分け方

　名詞や動詞の後につけて、対象となるものや状況が、それのみで、他にはないと言う
時に使います。

---

① 「뿐」 ➡ 「名詞＋きり」

평생에 한 번뿐인 결혼식인데 섭섭하지 않게 잘 해 줘라 .	一生一度きりの結婚式なのだから、寂しい思いをしないように、よくしてあげて。
내가 가진 건 이것뿐이야 .	俺が持っているものは、これきりさ。

② 「ㄹ / 을 뿐」 ➡ 「動詞＋だけ」

그곳에 모인 사람들은 쳐다보기만 할 뿐 아무도 그 사람을 도와 주려 하지 않았다 .	そこに集まった人たちは、見ているだけで、誰もその人を助けてあげようとしなかった。
나도 잘 모르지 . 소문으로 들었을 뿐이라서 .	俺も知らないよ。噂で聞いただけだから。

86

③「뿐만 아니라」 ➡「それだけでなく」「のみならず」

폭우로 인해 철도 뿐만 아니라 도로까지도 물에 잠기고 있다 .	豪雨により、鉄道だけでなく、道路までも水に浸かっている。
아기와의 피부 접촉은 아기의 정서 발달에 필요한 호르몬 분비를 촉진할 뿐만 아니라 지능 발달에도 큰 영향을 미친다고 한다 .	赤ちゃんとの皮膚接触は、赤ちゃんの情緒発達に必要なホルモン分泌を促進するだけでなく、知能発達にも、大きく影響すると言う。
눈물에는 항균 물질뿐만 아니라 체내에 쌓인 해로운 물질도 들어 있다 .	涙には、抗菌物質だけでなく、体内に積もった有害物質も含まれている。

使い方

名詞 **+** 뿐 / 뿐만 아니라
動詞語幹 **+** ㄹ / 을 뿐 / 뿐만 아니라

「님」 人間名詞 **+** さん

🔊) track 040

見分け方

役職名や名字、名前、家族名の後につけて、対象を敬う気持ちでいることを表します。

解説　「님」は、名字や名前、役職名などにつけ、その人を尊敬していることを表す依存名詞です。尊敬度が下がると「씨」を使います。ただし、「씨」は、役職名にはつけません。

① 「名字 / 名前＋님」 ➡ 「名詞＋さん」	
김 경호 님	キム・キョンホさん
준숙 님	ジュンスックさん

② 「役職名＋님」 ➡ 「役職名」	
사장님 , 전무님 , 상무님	社長、専務、常務
교수님 , 학장님	先生、学長

③ 「家族名＋님」 ➡ 「家族名＋さん」	
아버님 , 어머님	お父さん、お母さん
부모님	ご両親
이모님 , 고모님	おばさん (母方)、おばさん（父方）

④ 「一般の人＋님」 ➡ 「さん」	
고객님	お客様（손님より丁寧）
손님	お客様
선생님	初めて会う成人男性を尊重して呼ぶ呼称（本来は先生の意味）

使い方

人間名詞 **＋** 님

「ㅁ / 음」動詞・形容詞・있다 / 없다・이다の名詞形   🔊 track 041

　動詞や形容詞、있다 / 없다、이다の後につけて、固有の経験的出来事を抽象名詞化する時に使います。常にあること、またはあったことを名詞止にして使うこともあります。

---

① 「ㅁ / 음」➡「動詞・形容詞・있다 / 없다・이다の名詞化」

휘어짐	曲がり / たわみ
뒤틀림	ねじれ
내일은 나의 생일임	明日は僕の誕生日。
이 사람의 성격은 엉뚱한 데가 있음	この人の性格は、突飛なところがある。
이 건물은 순수 국내 목재로 지어졌음	この建物は、純国産の木材で建てられる。
비가 왔음에도 불구하고 사람들이 많이 와 주었다 .	雨が降ったにもかかわらず、人々がたくさん来てくれた。
그는 새로운 실험을 통해 기존의 분류가 틀렸음을 증명하였다 .	彼は、新しい実験を通して、既存の分類が間違いであることを証明した。
이 연구진은 날개 모양이 다르면 종도 달라짐을 밝혀냈다 .	この研究陣は、羽の模様が違えば、種も異なることを明らかにした。

使い方

動詞・形容詞・있다 / 없다・이다 ＋ ㅁ / 음

「기」動詞・形容詞・있다 / 없다・이다 ＋こと

 track 042

見分け方

　動詞や形容詞、있다 / 없다、이다の後につけて、その出来事を皆の共有のものとして、具体名詞化する時に使います。約束事やこれからあることを表すことが多いです。

---

① 「기」➡「動詞・形容詞・있다 / 없다・이다の名詞化」

정원 가꾸기	庭園づくり
식물 재배하기	植物栽培
작품 만들기	作品作り
실천 가능한 계획을 세우기	実践可能な計画を立てること
내구성이 뛰어난 제품을 사용하기	耐久性の優れた製品を使用すること

使い方

人を表す名詞 ＋ 기

💡 「ㅁ / 음」と「기」

📖 解説　基本的に「ㅁ / 음」は、常にあること、あったことを、「기」は、これからあることを表します。

라면 안 먹기	ラーメン、食べないこと
라면 안 먹음	ラーメンは、食べない
채소 챙겨 먹기	しっかり野菜を食べること
채소 챙겨 먹음	しっかり野菜を取る

「라면 안 먹기 / 채소 챙겨 먹기」は、約束事を言う時に使います。「라면 안 먹음 / 채소 챙겨 먹음」は、あったことを言い残す時に使います。

第6章

否定表現

この章では、TOPIK II レベルの否定表現を
学びます。日本語とは異なるので、正確な
理解を必要とします。

「아무~도 안 / 못~」何も~しない、誰も~ない

見分け方

「아무」は、不特定の人、または、不特定の名詞を言う時に使います。不特定の人を表す時には、代名詞に、不特定の名詞を表す時には、連体形となります。不特定の事を指す場合は、「아무것」を使います。

---

① 「아무 ~도 안 하다」➡ 「何も~しない」

왜 아무 말도 안 해 ?	何で何も言わないの ?
아무것도 안 하고 그냥 집에만 있어요 .	何もしないで、ただ家にばかりいます。
아무 짓도 안 했는데 왜 도망을 가요 ?	やましいことも何もしていないのに、なぜ逃げるのですか ?

② 「아무도 안~」➡ 「誰も~しない」

아무도 책임을 안 진다고 ?	誰も、責任を取れないって ?
이 노래는 아무도 안 부르는가 봐 .	この歌は、誰も歌わないみたい。
아무한테도 안 알렸어 .	誰にも知らせていないよ。
아직 아무하고도 만나고 싶지 않아 .	まだ、誰とも会いたくない。

③ 「아무 ~도 못 하다」➡ 「何も~出来ない」

피곤해서 아무것도 못하겠다 .	疲れて何も出来ない。
날 보자마자 울길래 아무 말도 못했어 .	俺を見るや否や泣くので、何も言えなかったよ。

④ 「아무도 못〜」➡「誰も〜出来ない」

증거가 없으면 아무도 처벌 못한다.	証拠がなければ、誰も処罰出来ない。
한번 화나면 아무도 못 말려.	一度怒ったら、誰にも止められない。
이 차에는 아무도 못 태워요.	この車には、誰も乗せられません。
아무한테도 이야기 못 했어.	誰にも話せなかった。

使い方

아무 + 名詞 + 도 안 / 못 하다
아무도 + 안 / 못 + 動詞

「아무〜도 없다 / 아니다」何も〜しない、誰も〜ない 🔊 track 044

見分け方

「아무」は、不特定の人、または、不特定の名詞を言う時に使います。不特定の人を表す時には、代名詞に、不特定の名詞を表す時には、連体形となります。不特定の事を指す場合は、「아무것」を使います。

① 「아무 〜도 없다」➡「何も〜しない」

중간에 포기해 버리면 아무 의미도 없지.	途中で諦めてしまったら、何の意味もないよね。
그냥 아무 뜻도 없이 준 거라고?	特に何の意味もなしにあげたって言うの?

그 중요한 일에 아무 의견도 없이 동의를 해요?	その大事なことに何の意見もないまま同意をしたのですか？
찾아봤는데 아무 데도 없어요.	探してみたけど、どこにもいません。
아무 일도 없었어요.	何もなかったです。

② 「아무 ~없다」 ➡ 「何の～ない」

아무 상관 없다	何の関係もない。
아무 생각 없다	何も考えていない。
아무 말도 없이 조용히 방을 나갔다.	何も言わず、静かに部屋を出ていった。

③ 「아무 ~도 아니다」 ➡ 「何でも～ない」

사람을 불러 놓고 아무것도 아니라니?	人を呼んでおいて、何でもないって？
신경 쓰지 마세요. 아무 일도 아니에요.	気にしないで下さい。何でもないです。

使い方

아무 + 名詞 + 도 없다 / 아니다

「아무리 ～아도 / 어도～없다 / 않다 / 아니다」
いくら / どんなに～ても～ない / しない

見分け方

かなりの程度であることを表す「아무리」に、否定表現をつけ、それが無用であることを言いたい時に使います。

① 「아무리 ～아도 / 어도 없다」 ➡ 「いくら～ても～ない」

아무리 찾아도 없어요 .	いくら探してもいません。
여기저기 아무리 수소문을 해 봐도 간 곳을 알 수가 없었다 .	あっちこっちどんなに聞いて回っても、行先を突き止めることは出来なかった。

② 「아무리 ～아도 / 어도 ～않다」 ➡ 「どんなに～ても～しない」

연구를 아무리 열심히 해도 좀처럼 성과가 오르지 않는다 .	どんなに一生懸命研究をしても、なかなか成果が上がらない。
그 사람은 아무리 돈이 많아도 쓸 줄을 모른다 .	あの人は、いくらお金が多くても、ちゃんとした使い方を知らない。

使い方

아무리 + 動詞 + 아도 / 어도 + 없다 / 않다 / 아니다

「아무 ～나 / 이나・라도」何も～しない、誰も～ない

track 046

　「아무」は、不特定の人、または、不特定の名詞を言う時に使います。「아무나」は、誰であっても、何であっても、その対象は、働きらしい働きをしないと言いたい時に、「아무라도」は、せめて最低の働きはすると言いたい時に使います。

① 「아무나～」➡「誰でも～出来ない」

아무나 못하는 일이라서 고민 중입니다.	誰にでも出来ることではないので、悩み中です。
아무나 데리고 오라니요?	誰でもいいから、連れて来てって、どういうことですか?
조금만 잘해 주면 아무나 좋대요.	ちょっとよくしてもらうものなら、誰でもいいって言いますね。

② 「아무 ～나 / 이나」➡「何でも / どんな～」

준다고 아무거나 받으면 어떻게 하나?	くれるからって、何でも受け取って、どうするの?
아무 사람이나 차 태워 주면 안 되지.	どんな人でも、車に乗せてやったらだめだよ。
아무 선생님이나 괜찮아요?	どの先生でもいいのですか?
아무한테나 좋게 보일 수는 없는 법이야.	誰からもよく見られること何て、出来ないものよ。
좋아한다고 아무하고나 만나면 안 되지.	好きだからと言って、誰とでも会ったら、だめだよ。

③「아무라도~」→「誰でも~」

아무라도 보고 따라 할 수 있어요.	誰でも、見て真似できます。
이 정도라면 아무라도 빠져나오겠다.	この程度なら、誰でも抜け出せそうだね。

 「아무나」と「아무라도」

 2 つの表現に含まれている「아무」は、同じなので、区別するのは、「나/이나」「라도」の意味です。

아무나 못하는 일이야. （〇）	誰にでも出来ることではない。
아무라도 못하는 일이야. （✕）	

「아무나」は、猫も杓子も誰でもいいというわけではないという意味なので、成立します。「아무라도」は、「아무」がせめてもの価値を発揮する対象になることから、使いません。誰にでも出来るくらい、そんな容易い仕事ではないのだと言う意味だからです。

使い方

아무나/아무라도
아무 名詞 ＋ 나/이나

「지 말다」動詞・있다＋するな（禁止命令） ◀)) track 047

見分け方

動詞の語幹につけて、禁止命令を言う時に使います。

① 「지 말다」→「動詞・있다＋するな」

또 라면 끓여먹지 말고 기다려 , 알았지 ?	また、ラーメン食べないで、待っていてね。分かった？
물론 실수할 때마다 다시는 술 먹지 말아야겠다고 생각하지요 .	もちろん、失敗する度に、二度と酒は飲むまいと思いますよ。

> 使い方

動詞・있다 ＋ 지 말다

「ㄹ / 을지 알다 / 모르다」
動詞・形容詞・있다 / 없다・이다＋かもしれない

◀)) track 048

> 見分け方

　「ㄹ / 을지」で言っている内容に対し、その結果は、誰にも分からないものなんだと言う時に使います。「알다」も「알아？」と反語法を使うことが多いので、結局は、分からないという意味になります。

① 「ㄹ / 을지 알다 / 모르다」→「動詞・形容詞・있다 / 없다・이다＋かもしれない」

잘못하다가는 결국 지지자들을 놓쳐버리게 될지도 모른다 .	下手をすると、結局支持者たちを逃がしてしまうかもしれない。
내가 한 실수에 화를 낼지도 모른다는 생각에 걱정이 되었다 .	自分の犯した失敗に、怒るかもしれないと思ったら、心配になった。

늦으면 친구 집에서 자고 올지도 모르니까 나 기다리지 말고 자 .	遅くなったら、友達の家で泊ってくるかもしれないから、私を待たないで寝てね。
혹시 복권에 당첨될지 누가 알아 ?	あるいは、宝くじに当たるかもって、誰が分かる？（もしも宝くじに当たるかどうか、誰がそれを知っているの？）

使い方

動詞・形容詞・있다 / 없다・이다 ＋ 지 알다 / 모르다

「잖아」動詞・形容詞・있다 / 없다・이다 ＋ じゃない

🔊) track 049

見分け方

「잖아」の前の話題について、否定反論を言う時に使います。

① 「잖아」➡「〜じゃない」

그 옷 , 어제 세탁소에 맡겼잖아요 .	その服、昨日クリーニング屋に出したじゃないですか。
그러니까 내가 미리 경고했잖아요 .	だから、私が事前に警告したじゃないですか。
거기는 절대로 안된다고 내가 몇번이나 말하잖아 .	そこは、絶対ダメって、私が何度も言うじゃない。
어제 왜 안 온 거야 ? 연락도 없어서 궁금했잖아 .	昨日なぜ来なかったの？ 連絡もないから、どうしたんだろうと思ったじゃない。

動詞・形容詞・있다 / 없다・이다 **＋** 잖아

「〜밖에 〜없다 / 않다」 〜しかない / 〜しかしない ◀)) track 050

「밖에」は、「それ以外は、それを除いては」などの意味を持つので、「〜しかない /
〜しかしない」と言いたい時に使います。

① 「〜밖에 없다」→「名詞＋しかない」

가진 게 겨우 그것밖에 없단 말이야?	持っているものがたったそれしかないと言うの?
찬스는 이번 한 번밖에 없습니다.	チャンスは、今回、一度しかありません。
나한테는 너밖에 없어.	俺には、お前しかいない。

② 「〜밖에 〜않다」→「〜しかしない」

5개 묶어서 만 원밖에 안 한다고?	5個まとめて1万ウォンしかしないって?
사기를 당하여 전재산을 날리고 나니 빚밖에 남지 않았다.	詐欺に遭い、全財産を掏ったら、借金しか残らなかった。

名詞 **＋** 밖에 없다 / 않다

「ㄹ / 을 리가 있다 / 없다」
動詞・形容詞・있다 / 없다・이다 ＋ はず / わけがない

🔊 track 051

見分け方

　「리」は、「わけ、いきさつ」の意味を持つので、「ㄹ / 을 리가 있다」は、そういう可能性もあると言う時に、「ㄹ / 을 리가 없다」は、「わけ / はずがない」と言いたい時に使います。しかし、「ㄹ / 을 리가 있다」も「있겠어？（あるかな）」と使われることがほとんどなので、結局は、同じ意味になります。

---

① 「ㄹ / 을 리가 있다 / 없다」➡「動詞・形容詞・있다 / 없다・이다 ＋ はず / わけがない」

이런 요리에는 당연히 간장이나 된장을 쓸 리가 없지요 .

こういう料理には、当たり前に、醤油や味噌を使うはずがないんですよ。

선생님을 업신여기다니요 . 그럴 리가 있겠습니까 ? 오해십니다 .

そちら様をバカにしているって、そんなはずはありませんよ。誤解です。

몇 번이나 못을 박아 놓았으니까 탈퇴 같은 거 할 리가 없어 .

何度もくぎを刺しておいたのだから、脱退なんか、するはずないよ。

使い方

動詞・形容詞・있다 / 없다・이다 ＋ ㄹ / 을 리가 있다 / 없다

「줄 알다 / 모르다」
動詞・形容詞・있다 / 없다・이다＋出来る / 出来ない
動詞・形容詞・있다 / 없다・이다＋と思う / 思わない

🔊 track 052

見分け方

話題の出来事が成立するある基準線を知っている（知らない）と言う時に使います。「알다 / 모르다」が現在形の場合は、下記の①のように、技能の可能・不可能の意味になります。過去形の「알았다 / 몰랐다」になると、「と思う / 思わない」の意味になります。未来連体形の「ㄹ / 을」とつながる場合は、ことが起きる前にそう予想していたという意味に、現在連体形の「는」「ㄴ / 은」とつながると、事実だろうと認識していたという意味になります。

---

① 「ㄹ / 을 줄 알다 / 모르다」➡「動詞＋出来る / 出来ない」

농사 지을 줄 알아요?	畑仕事、出来ますか？
골프 칠 줄 모르시는가 봐요.	ゴルフ、出来ないみたいですね。
사과 깎을 줄도 몰라?	リンゴの剥き方も知らないの？

② 「ㄹ / 을 줄 알다 / 모르다」➡「動詞＋だろうと思う / 思わない」

모든 게 네 뜻대로 될 줄 알았겠지.	すべてがお前の思惑通り、進むと思ったんだろうが。
한밤중에 도망갈 줄 몰랐네.	真夜中に逃げるとは思わなかったね。
내가 그냥 지나칠 줄 알았어?	私がこのまま見逃すと思った？

③ 「ㄹ / 을 줄 알다 / 모르다」➡「形容詞・있다 / 없다＋だろうと思った / 思わない」

우리 아들이 이렇게 든든할 줄 몰랐지.	うちの息子がこんなに心強いだろうとは思わなかったよ。

지겨울 줄 알았더니 할 만하네.	うんざりするかなと思いきや、まあまあだね。
내 방 지저분할 줄 알았지?	俺の部屋、汚いだろうと思ったでしょ?

④ 「ㄴ / 은 줄 알다 / 모르다」➡「動詞＋ている / たと思う / 思わない」「形容詞・이다＋と思う / 思わない」

- -

여기 묻힌 줄은 정말 몰랐습니다.	ここに埋められているとは、本当に思いませんでした。
그렇게 하는 게 바람직한 줄은 압니다.	そうした方が、望ましいとは思います。
제 일에 무관심하신 줄 알았어요.	私のことに無関心なのかなと思いました。
이 집 며느리인 줄 알았네.	こちらのお宅のお嫁さんかと思ったわ。

⑤ 「는 줄 알다 / 모르다」➡「動詞・있다 / 없다＋ものと思う / 思わない」

- -

오늘 연습이 없는 줄 몰랐네요.	今日、練習がないだろうとは思いませんでした。
꼭 무슨 일이 벌어지는 줄 알았어요.	絶対何かが起こるものと思いましたよ。
오늘 시작하는 줄 알고 왔는데요?	今日、始まるものと思って来たんですけど。

使い方

動詞・形容詞・있다 / 없다 ＋ ㄹ / 을 줄 알다 / 모르다
動詞・形容詞・이다 ＋ ㄴ / 은 줄 알다 / 모르다
動詞・있다 / 없다 ＋ 는 줄 알다 / 모르다

「ㄹ / 을 수 있다 / 없다」 と 「ㄹ / 을 줄 알다 / 모르다」

 「ㄹ / 을 수 있다 / 없다」、単純な可能・不可能を言う時に使います。「ㄹ / 을 줄 알다 / 모르다」
は、技能の可能・不可能を言う時に使います。

운전할 수 있어 ?	運転、出来る ?
운전할 줄 알아 ?	運転、出来る ?

　「운전할 수 있어?」は、運転することが可能なのかという意味で、「운전할 줄 알아?」は、
運転の仕方を知っているのかという意味です。下記の「운전할 줄 알지?」が、使えない
理由です。

지금 운전할 수 있지 ? （O）	今、運転、大丈夫だよね ?
지금 운전할 줄 알지 ? （✗）	

 以下は、TOPIK Ⅰレベルのものですが、間違いやすい表現なので、復習も兼ねてぜひお読
み下さい。

 「안」 と 「지 않다」

 「안」 は、直後に来る言葉だけを否定し、「〜지 않다」 は、「지」 の前に来る表現全体を否
定します。

안 먹을 거예요 ? （O）	食べないのですか ?
먹지 않을 거예요 ? （✗）	

　食べないつもりなのかと聞いているので、「食べる」 だけを否定する 「안 먹을 거예요 ?」
を使います。「먹지 않을 거야?」 を使う必要はありません。

그거 안 무겁겠어요 ? （O）	それ、重くないでしょうか ?
그거 무겁지 않겠어요 ? （O）	それ、重くないでしょうか ?

「안 무겁겠어요?」は、後ろの「重い」だけを、「무겁지 않겠어요?」は、「지」までの「그거 무겁다」を否定します。どちらも使います。

 「못」と「〜지 못하다」

 「못」は、直後に来る言葉だけを否定し、「〜지 못하다」は、「지」の前までの表現全体を否定します。

우리를 무시하지 못할 겁니다.（〇） われわれを無視できないでしょう。

우리를 못 무시할 겁니다. （✖）

「われわれを無視すること」を否定する言い方なので、「무시하지 못할 겁니다」を使います。「못 무시할 겁니다」は、直後に来る「무시하다」だけを否定する言い方になることから使えません。

왜 못 들어가요? （〇） なぜ入れないのですか？

왜 들어가지 못해요？（✖）

なぜ入ることが許されないのかという言い方なので、「들어가다」だけを否定する「못 들어가요?」を使います。「들어가지 못해요?」は、「왜 들어가요?」全体を否定する言い方になるので使えません。

 「잘 못해요」と「잘못해요」

 「잘 못해요」は、「上手には出来ません」という意味で、「잘못해요」は、「やり損います／間違えます／しくじります／誤ります」の意味です。「잘 못했어요」は、「うまく行きませんでした」の意味で、「잘못했어요」は、間違ったことを謝る「ごめんなさい」の意味です。2つを区別するのは、「잘」の後に、一呼吸あるかないかです。あれば「잘 못했어요」に、くっつけて話しているように聞こえたら「잘못했어요」になります。

 「못하다」と「못 하다」

 「못하다」は、「一定レベルに達しない、それをやる能力がない」の意味を持つ動詞で、「못 하다」は、「하다」の可能否定です。

잘 기억 못 하겠어요.	上手く思い出せません。
잘 기억 못하겠어요.	上手く覚えられません。

「기억 못 하겠어요」は、「기억하지 못하다 ⋯⋯➤ 기억을 못 하다 ⋯⋯➤ 기억을 못 하겠어요」の順で作られた表現なので、「기억하다 （思い出す）」が出来ないという意味になります。

それに対し、「기억 못하겠어요」は、記憶というものが、どうにも上手く行かないという意味です。

　この「못하다」と「못 하다」との違いは、発音も意味も似ており、大変難しいです。実際、ネイティブでも、これらの違いを正確に説明出来る人はほぼいません。

第 7 章

終結表現

この章では、直近の試験で出題された終結表現について説明します。これらを学修しておけば試験問題の 95% 以上をカバーできると思います。本書に挙げられていないものについては、『中上級ハングル文法辞典』(イム・ジョンデ著　秀和システム刊)を参照して下さい。

「ㄴ / 는다」「다」「다 / 이다」
動動詞・形容詞・있다 / 없다・이다のタメ口終止形

🔊 track 053

見分け方

主に、書き言葉で使われる、タメ口の終止形です。

① 「ㄴ / 는다」→「動詞・있다の終止形」

화분에 토마토를 심는다 .	植木鉢にトマトを植える。
탈의실 위치를 물어본다 .	脱衣室の場所を聞く。
특강 자료를 정리한다 .	特別講義の資料を整理する。

② 「다」→「形容詞・없다の終止形」

날씨가 무척 덥다	天気がかなり暑い。
수박이 아주 맛있다 .	スイカがとても美味しい。
내가 여기 있다는 것이 신기하다 .	私がここにいるのが不思議だ。

③ 「다 / 이다」→「이다の終止形」

이것이 내 운명이다 .	これが私の運命である。
새로 사 온 식기다 .	新しく買ってきた食器だ。
우리 팀의 새로운 목표이다 .	うちのチームの新しい目標だ。

動詞語幹 **+** ㄴ / 는다

形容詞・있다 / 없다語幹 **+** 다

名詞 **+** 다 / 이다

「아 / 어」動詞・形容詞・있다 / 없다のタメ口終止形 ◀)) track 054

見分け方

　主に、話し言葉で使われる、タメ口の終止形です。文末に短く現れ、なおかつ、不規則が多いので、注意する必要があります。終止形、進行形、命令形、勧誘形として、使います。くだけた言い方をしてもいい相手に使うのが原則です。

① 「아 / 어 / 해」➡「動詞・形容詞・있다 / 없다 ＋ する / い / だ」

너 , 아빠한테 혼나 .	あなた、パパに怒られるよ。
왜 그렇게 쫓아다녀 ?	何でそんなに追っかけまわすの？
그 방 , 바람 잘 통해 ?	その部屋、風通しはいいの？
나 , 정말 진지해 .	僕、本当に真剣だよ。

② 「아 / 어 / 해」➡「動詞 ＋ ている」

지금 나를 비웃어 ?	今、俺を馬鹿にしているのか？
뭘 망설여 ?	何を迷っているの？
뭐하기는 , 빨래 널어 .	何をしているかって、洗濯物、干してるよ。

③「아 / 어 / 해」→「動詞＋して」

너 , 먼저 얼른 피해 .	あんた、先に早く逃げて。
오늘 안에 찾아내 . 알았어 ?	今日のうちに探し出せよ、分かった？
좀 진정해 . 진정하고 이야기해 .	ちょっと落ち着いて。落ち着いてから話して。
뒤로 좀 물러나 .	後ろへ少し下がって。

④「아 / 어 / 해」→「動詞＋しよう」

이따 같이 나가 .	後で、一緒に出かけよう。
혼자 가지 말고 같이 가 .	一人で行かないで一緒に行こう。

解説 ①～④は、文脈や主語、一緒に使われる言葉などによって変わります。②は、「지금」と一緒に使われることが多いです。③は、2人称主語の時に、④は、われわれ主語の時に、よく使います。「아 / 어」は、気心の知れた相手に使う言い方なので、そういう相手ではない場合には、②～④を同じ意味を持つ別の表現に変えて言います。

使い方

動詞・形容詞・있다 / 없다語幹 ＋ 아 / 어
動詞・形容詞の 「～하다」 →「～해」

「나」動詞・있다 / 없다＋かな

🔊 track 055

見分け方

相手に対し、意中を探りながら聞く時に使います。

① 「나（요）」 → 「動詞・形容詞・있다 / 없다＋かな」

연수 프로그램은 확정됐나?	研修プログラムは、確定したかな？
스케줄은 정했나?	スケジュールは、決まったかな？
이번 일과는 관계없나요?	今回の事とは、関係ないんですかね？
거기서는 무슨 일을 겪었나요?	そこでは、どんなことを経験したんですかね？

使い方

動詞・있다 / 없다語幹 ＋ 나

「는가」 動詞・있다 / 없다＋のか

◀)) track 056

見分け方

　相手に対し、考え込んでいることを聞く時に使います。書き言葉では、その話題が上がってくるまで時間がかかっていることを言う時に使います。

① 「는가」 → 「動詞・있다 / 없다＋のか」

그럼 만기가 되면 100% 지급을 보장받을 수 있는가요?	じゃあ、満期になれば、100% 支給を保障してもらえるのですか？
아파트가 어떻게 중산층의 표준적인 욕망이 됐는가에 대한 답이다.	マンションがいかに中流層の標準的な欲望になったのかについての答えである。

예를 들면 장독이 왜 현대인의 생활에서 사라졌는가 하는 점이다 .	例えば、甕がなぜ現代人の生活から消えたかという点である。

② 「ㄴ / 은가」 ➡ 「形容詞・이다 + 의 か」

- -

요즘 계속 바쁘신 모양인데 언제쯤 한가하신가요 ?	最近、ずっとお忙しいようですが、いつ頃、お時間があるんですかね？
도대체 뭘 믿고 저렇게 의기양양한가 모르겠어요 .	一体何を信じて、あんなに意気揚々としているのか、分かりません。
저 집 부부는 생활이 여유로운가 해외여행을 자주 가네요 .	あちらのご夫婦は、生活に余裕があるのか、海外旅行によく行きますね。

③ 「던가」 ➡ 「動詞・形容詞・있다 / 없다 + 의 か」

- -

내가 언제 자기들 헤어지라고 부채질하던가 ?	俺がいつ、自分たちに別れろと、煽ったりしたことがあるのか？
그렇다고 내가 뭐 탄식이라도 하던가 ?	だからといって、私が何、ため息でもついていたのか？

 「나」「는가」「지」

 「나」は、相手の意中を探る言い方、「는가」は、考え込んでいることを聞く言い方、「지」は、それが疑問であることを表す言い方です。

시어머니라도 부양하나 ?	（〇）	お母さんでも扶養しているのかな？
시어머니라도 부양하는가 ?	（△）	
시어머니라도 부양하지 ?	（✕）	

　義理のお母さんの扶養を、考え込む出来事と捉えるのであれば、「부양하는가?」も言いますが、普通に考えたら、簡単な質問で済む事柄なので、「부양하나?」が一番無難です。「지」は、質問ではなく疑問の意味になることから成立しません。

내 병 재발하나 알아 ？　（✖）

내 병 재발하는가 알아 ？　（✖）

내 병 재발하는지 알아 ？　（〇）　　　僕の病、再発するのか、分かる？

　単純に再発の可能性についての疑問をぶつけている内容なので、「재발하는지」だけが成立します。

얼마나 더 절감해야 하나에 대한 답
이다 ．　（✖）

얼마나 더 절감해야 하는가에 대한　　どのくらいもっと節減しなければなら
답이다 ．（〇）　　　　　　　　　　ないのかに対する答えだ。

얼마나 더 절감해야 하는지에 대한
답이다 ．（▲）

　「절감」は、簡単には出来ないものなので、考え込む意味を含んでいる「절감해야 하는가」が最も適切な言い方となります。

使い方

動詞・있다 / 없다語幹 ＋ 는가

「자」動詞・있다＋う / よう

見分け方

相手に対し、タメ口で勧め、誘いなどを言う時に使います。

---

① 「자」→「動詞・있다＋う / よう」

그럼 토요일에 보자 .	じゃあ、土曜日に会おう。
다음 달에 같이 찾아뵙자 .	来月、一緒にお会いしに行こう。
내일은 일찍 일어나자 .	明日は、早く起きよう。

使い方

動詞・있다語幹 **+** 자

「라 / 으라」動詞・있다＋しろ

見分け方

相手に対し、タメ口で命令する時に使います。命令表現の中で、最も格が低い言い方です。

---

① 「라 / 으라」→「動詞・있다＋しろ」

밀린 임금을 당장 지불하라 .	溜まった賃金を即刻支払え。
피해액을 즉시 배상하라 .	被害額を即賠償せよ。

使い方

動詞・있다 ＋ 라 / 으라

「더라」動詞・形容詞・있다 / 없다・이다 ＋ていたよ

🔊 track 059

見分け方

タメ口が言える相手との会話で、自分が過去に経験したことを回想しながら語りかける時に使います。

① 「더라」➡「動詞・形容詞・있다 / 없다・이다＋ていたよ」

이번에 시작한 드라마 , 정말 재미있더라 .	今度始まったドラマ、本当に面白かったよ。
마지막 9 회말은 정말 조마조마하더라 .	最後の 9 回裏は、本当にドキドキだったよ。
처음에는 서로 가지겠다고 그러더니 아까 보니까 아무 데나 굴러 다니더라 .	最初は、皆ほしいって争っておいて、さっき見たら、どこにでも転がっていたよ。

使い方

動詞・形容詞・있다 / 없다・이다語幹 ＋더라

「지」動詞・形容詞・있다 / 없다・이다＋よ / よね

見分け方

くだけた言い方が出来る相手と、思いの共有を図りながら、話を閉じたり、確認の質問をしたり、命令したり、誘ったり、念押ししたりする時に使います。

① 「지」→「1人称主語＋動詞・形容詞・있다 / 없다・이다＋よ / ね」

물론 나도 가지.	もちろん、俺も行くよ。
충분히 그럴 수도 있지.	充分あり得ることだね。
나는 못한다고 했지.	俺は、出来ないと言ったさ。
오늘 저녁은 내가 사지.	今日の夕食は、私が出すとしよう。

② 「지」→「2人称主語＋動詞・形容詞・있다 / 없다・이다＋よ / ね」

작년에 경영학 개론 수업 들었지?	去年、経営学概論の授業、出たよね。
그 영화 정말 감동적이지?	あの映画、感動的だよね。
너도 내가 걱정스럽지?	お前も俺が心配だよね。

③ 「지」→「2人称主語＋動詞・있다＋たまえ」

거기 좀 앉지.	ちょっとそこに座り給え。
내가 선물할 테니 한번 골라 보지.	どれ、私がプレゼントするから、選んでみなさい。
당분간 여기 좀 있지.	当分、ここにいなさい。
그 입 좀 다물지.	いい加減、その口、黙りなさい。

④ 「지」➡「われわれ主語＋動詞・있다＋우 / 으まか」

자네 , 나하고 좀 걷지 .	君、わしと少し歩こうか。
이번 일 같이 해 보지 . 어떤가 ?	今回の仕事、一緒にやってみようか。どうかね。
우리가 먼저 다가가야지 .	われわれが先に折れてやらないと。

⑤ 「지」➡「3 人称主語＋動詞・形容詞・있다 / 없다・이다＋よ / ね」

벌써 갔지 . 여태 있을 리가 있나 ?	もう帰ったさ。こんな時間までいるはずないもんね。
굉장히 추웠지 .	とても寒かったよ。
지금은 아무도 없지 .	今は誰もいないな。
그만하기 다행이지 .	それくらいで済んで何よりさ。

 「지」 と 「아 / 어」

 「지」は、話題となる出来事について、相手と思いを共有したい時に使い、「아 / 어」は、単純に事実を述べる時に使います。

그 집 친절하지 ?	その店、親切でしょう？
그 집 친절해 ?	その店、親切？

「친절하지 ?」は、自分が持っている印象と、相手のそれが一致することを確認する時に、「친절해 ?」は、単純に親切なのかどうかを尋ねる時に使います。

한국말 할 줄 알지 ?	韓国語、出来るよね？
한국말 할 줄 알아 ?	韓国語、出来る？

「할 줄 알지?」は、見込んでいたことを確認する質問で、「할 줄 알아?」は、出来るかどうかの質問です。

그건 제가 안 했어요.	それは私がやっていません。
그건 제가 안 했죠.	それは私がやっていませんよ。

「これもお前がやったのか」に対する返事として、普通は「안 했어요」で答えます。「안 했죠」は、「あなたも気づいているだろうに」という気持ちが入っていることから、不服そうな態度の言い方となります。

使い方

動詞・形容詞・있다 / 없다・이다語幹 ＋ 지

「군」「구나」動詞・形容詞・있다 / 없다・이다 ＋ 네 　🔊 track 061

見分け方

話題の出来事が、自分の想定にはまってきていることを、感嘆調、詠嘆調で閉じる時に使います。

① 「는군 / 는구나」 ➡ 「動詞 ＋ ね / な」

그동안 끈질기게 버텼는데 이렇게 빼앗기는구나 라고 생각하니 만감이 교차한다.	その間、しぶとく粘ってきたのに、こうやって奪われるんだなと思ったら、万感が交錯する。
아, 그래서 그 회사가 이 비용을 부담하는구나. 몰랐네.	あ、だから、その会社がこの費用を負担しているんだね。知らなかったな。

오, 이제야 내 말뜻을 제대로 알아 듣는군.	お、やっと、私の真意をきちんと分かっ てくれたわけね。

② 「군 / 구나」 ➡ 「形容詞・있다 / 없다・이다＋네 / 나」

그래서 적정 수준부터 논의하자는 것이군요.	だから、適正水準から議論しようという ことだったわけですね。
내일이 쉬는 날이라서 그런 모양이 구나.	明日が休みだから、そうなっているよう だな。
저 친구 이야기를 가만히 들어보면 참 마음이 순수하구나 하는 생각이 들어.	あの彼の話をじっくり聞いていると、実 に心が純粋なんだなと思う。

③ 「더군 / 더구나」 ➡ 「動詞・形容詞・있다 / 없다・이다＋네 / 나」

그 친구는 뭐든 내가 다 할 수 있다 고 생각하는 모양이야. 정말 곤란하 더구나.	彼は、何でも、私が全部仕切っている と考えているようだったよ。本当に困っ たね。
그런 신붓감을 놓치다니 아깝다는 생각이 들더구나.	ああいう花嫁候補を逃がすなんて、惜し いなという思いがしたな。

 「군」 と 「네」

 「군」は、話題の内容が、話し手本人にとって、織り込み済みの事柄であることを、「네」は、
話題の内容が、話し手本人にとって、多少意外だったり新発見だったりするものである
ことを表します。

요즘 바쁘시겠군요?	最近お忙しいでしょう。
요즘 바쁘시겠네요?	最近お忙しいでしょう。

前もって入手した情報をもとに、最近ご多忙でしょうと相手に声掛けをする表現で、「바쁘시겠군요?」は、相手の忙しさが話し手自分にとって織り込み済みであることを、「바쁘시겠네요?」は、相手の忙しさが自分にとってちょっと意外であることを表します。

그 분을 좋아하셨군요 ?	その方がお好きだったのですね。
그 분을 좋아하셨네요 ?	その方がお好きだったのですね。

相手との恋愛話の中で、「좋아하셨군요?」は、好きになることに充分理解出来るという気持ちを、「좋아하셨네요?」は、そういう展開になっていたのかと、多少意外という気持ちを表します。

확인해 봤는데 생각보다 큰일이군요 .	確認してみたんだけど、思ったより大ごとですね。
확인해 봤는데 생각보다 큰일이네요 .	確認してみたんだけど、思ったより大ごとですね。

「큰일이군요」は、あなたもそれが大ごとであることを薄々感じていたでしょう、その通りですよと言う時に、「큰일이네요」は、確認した結果、大ごとであることが分かったと言う時に使います。

使い方

名詞・動詞・形容詞・있다 / 없다・이다 **+** 군 / 구나

「ㅂ시다 / 읍시다」 動詞・있다 **+** しましょう

🔊) track 062

聞こえ方

やや丁寧な言い方をしなければならない相手に「しましょう」と言う時に使います。

① 「ㅂ시다 / 읍시다」→「動詞・있다＋しましょう」

우리 , 공과 사는 확실하게 구별합시다 .	私たち、公と私は、しっかり区別しましょう。
불만을 가지기 시작하면 한도 끝도 없지요 . 현실에 만족합시다 .	不満を持ち始めたら、きりがないですよ。現実に満足しましょう。

使い方

動詞・있다語幹 ＋ ㅂ시다 / 읍시다

「겠어 / 겠다 / 겠지」
1人称主語＋動詞（強い意志） 2人称・3人称主語＋
動詞・形容詞・없다・이다＋だろう / と思う（強い推量）

◀)) track 063

見分け方

　1人称主語では、限られた言葉で、強い意志を、2人称・3人称主語では、強い推量を言う時に使います。1人称主語で、限られた動詞にしか使わないのは、強い意志を表すのであれば、「아야겠어 / 어야겠어」を使うのが、効果的だからです。それに対し、「1人称主語＋겠습니다」は、よく使います。「겠」の強い意志と「습니다」の硬さが似合うからです。

① 「겠어 / 겠다」→「1人称主語＋動詞＋する」

난 잘 모르겠어 .	俺は、よく分からない。
그 정도는 나도 알겠다 .	その程度は、私も分かる。

② 「겠어 / 겠다 / 겠지」 → 「2・3人称主語＋動詞・形容詞・있다 / 없다・이다＋と思う」

지금 가면 새벽에 도착하겠다.	今出たら、明け方に着くね。
아빠, 엄마가 많이 좋아하시겠어.	お父さん、お母さんがすごく喜ぶよ。
괜찮아? 많이 아프겠다.	大丈夫？　かなり痛そう。
앞이 캄캄했겠다.	目の前、真っ暗だったでしょう。
예전보다는 부담이 적어진 거겠죠.	以前よりは負担が減ったのだと思います。
여러가지로 다양한 서비스를 제공한다는 점이겠죠.	色々と多様なサービスを提供する点でしょうね。

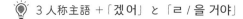 3人称主語 +「겠어」と「ㄹ / 을 거야」

解説　「겠어」は、強い推量、「ㄹ / 을 거야」は、話し手の漠然とした推量を表します。

이 집 맛있겠어.	この店、美味しそう。
이 집 맛있을 거야.	この店、美味しいと思うよ。

　「맛있겠어」は、匂いや雰囲気などを踏まえ、美味しさを確信する時に、「맛있을 거야」は、何となく予測をする時に使います。

그 사람 성공하겠어.	あの人、成功するよ。
그 사람 성공할 거야.	あの人、成功すると思うよ。

　「성공하겠어」は、成功に値すると確信する時に、「성공할 거야」は、多分そうなると予想する時に使います。

動詞・形容詞・있다 / 없다・이다語幹 ✚ 겠어 / 겠다 / 겠지

「아 / 어 가다」「아 / 어 오다」「아 / 어 두다」
「아 / 어 놓다」「아 / 어 버리다」
していく、してくる、しておく、しておく、してしまう　　◀)) track 064

見分け方

　それぞれ「していく」「してくる」「しておく」「しておく」「してしまう」と言いたい
時に使います。

① 「아 / 어 가다」→「動詞＋していく」

| 형이 점점 아버지를 닮아 간다 . | 兄がだんだん父に似ていく。 |
| 불이 꺼지고 거리가 점점 어두워져 간다 . | 明かりが消え、街が次第に暗くなっていく。 |

② 「아 / 어 오다」→「動詞＋てくる」

| 오늘까지 이동해 온 거리가 총 얼마나 됩니까 ? | 今日まで移動してきた距離が、延べいくらくらいになりますか？ |
| 지난번에 공급받아 온 물자 , 다 파악했습니까 ? | この前、供給されてきた物資、すべて把握しましたか？ |

③ 「아 / 어 두다」➡「動詞＋しておく」（しまい置き）

이번 일에 대한 책임은 당분간 제 선에서 덮어 둘 겁니다 .

今回のことについての責任は、当分、私の線で伏せておきます。

우리 어머니가 나도 몰래 개설해 둔 은행 구좌가 있었다 .

うちの母が、私に内緒で、開設しておいた銀行口座があった。

④ 「아 / 어 놓다」➡「動詞＋しておく」（一時置き）

말씀하신 자료는 관련 부서에 의뢰해 놓았습니다 .

おっしゃられた資料は、関連部署に、依頼しておきました。

책꽂이에 꽂아 놓은 내 일기책이 어디론가 사라져 버렸다 .

本棚に差しておいた私の日記が、どこかに消えてしまった

⑤ 「아 / 어 버리다」➡「動詞＋してしまう」

그건 이미 대체해 버려서 여기에는 남아 있지 않습니다 .

それは、既に代替してしまったので、ここには、残っていません。

그냥 바닥에 드러누워 버리는 바람에 어떻게 할 수가 없었다 .

そのまま床に仰向けになったため、どうすることも出来なかった。

使い方

動詞語幹 ＋ 아 / 어 가다 / 오다 / 두다 / 놓다 / 버리다

 「아 / 아 가다」 와 「고 가다」

 「아 / 어 가다」는、「아 / 어」와 「가다」가 切り離せない時に、「고 가다」는、「고」와 「가다」가 切り離せる動きの時に使います。

귀중품은 여기 두어 가시기 바랍니
다 .　　　　　　　　　（✘）

귀중품은 여기 두고 가시기 바랍니　　貴重品は、ここに置いていって下さい。
다 .　　　　　　　　　（⭕）

발에 묻은 흙 좀 털어 들어오세요 .
　　　　　　　　　（✘）

발에 묻은 흙 좀 털고 들어오세요 .　　足についた土、少しはらってから、入っ
　　　　　　　　　（⭕）　　　　　てきて下さい。

　貴重品を置くことと行くこと、土を掃うことと入ってくること、この 2 つは、別々
の出来事です。 なので、「두어 가시기」「털어 들어오세요」 は、 言えません。

저축액이 점점 목표액수에 가까워　　貯蓄額が段々目標額に近づいていく。
져 간다 .　　　　　　　（⭕）

저축액이 점점 목표액수에 가까워
지고 간다 .　　　　　　（✘）

　目標額に近づくことと達成することとは、切り離せない出来事なので、「가까워져 간다」
だけが成立します。

「아 / 어지다」
動詞＋れる / られる、形容詞・있다 / 없다＋くなる / になる　　◀)) track 065

見分け方

　話題の出来事が、自然にその状態に成り代わっていくことを言う時に使います。

① 「아 / 어지다」 → 「動詞＋れる / られる」

관중이 많으면 야외 공연장은 관리하기가 힘들어집니다.	観衆が多いと、野外公園場は、管理するのが難しくなります。
뼈와 근육에 필요한 칼슘과 칼륨은 이곳에서 만들어진다.	骨や筋肉に必要なカルシウムとカリウムは、ここで創られる。
최근에 고층 목조 건물이 지어져 화제가 되고 있다.	最近、高層木造建物が建てられ、話題になっている。
이곳은 여러 곳의 물길이 하나로 합쳐지는 곳이다.	ここは、いくつもの川筋が一つに合わせられるところだ。
발굴작업이 끝난 고분의 주인공은 이 지방의 호족으로 밝혀졌다.	発掘作業が終わった古墳の主人公は、この地方の豪族であることが明らかになった。

② 「아 / 어지다」 → 「形容詞・있다 / 없다＋くなる / になる」

우주에서는 미각과 후각이 둔해진다.	宇宙では、味覚と嗅覚が鈍くなる。
강도가 전보다 훨씬 세졌다.	強度が前よりはるかに強くなった。
3D 스캐너를 통해 정밀하고 안전한 문화재 복원이 가능해졌다.	3Dスキャナーを通して精密かつ安全な文化財の復元が可能になった。
첨단 장비 덕분에 현장 감식 작업이 훨씬 수월해졌다.	先端装備のおかげで、現場鑑識作業がはるかにやりやすくなった。

 「아 / 어지다」 と 「게 되다」

 「아 / 어지다」 は、自ずとそうなるという意味で、「게 되다」 は、何かの介入でそう変わっていくという意味です。

처음에는 작았던 울음소리가 점점 커졌다. （○）

最初小さかった鳴き声が段々大きくなった。

처음에는 작았던 울음소리가 점점 크게 되었다. （✕）

　赤ちゃんの泣き声は、人為的に調整出来るものではないので、自然変化の意味合いが強い「커졌다」が成立します。

뒤를 이을 후계자 부족으로 인해 국가 무형문화재 중 몇 가지가 그 맥이 끊기게 될 위기에 쳐했다. （○）

後を継ぐ後継者不足により、国家無形文化財のうち、いくつかがその脈を絶やされる危機に瀕した。

뒤를 이을 후계자 부족으로 인해 국가 무형문화재 중 몇 가지가 그 맥이 끊겨질 위기에 처했다. （✕）

　後継者がいれば伝統は続くので、自然消滅とは言い難く、「끊겨질」は、言いにくい表現となります。

使い方

動詞・形容詞・있다 / 없다語幹 + 아 / 어지다

「아야 / 어야겠어」 「아여 / 어야겠다」 「아야 / 어야겠지」
動詞・있다＋する（絶対遂行）

◀)) track 066

見分け方

絶対そうするという強い意志を表したい時に使います。

---

① 「아야겠어 / 아야겠다 / 아야겠지」 → 「1人称主語＋動詞・있다＋する」

오늘은 꼭 이른 시간에 귀가해야겠다 .	今日は、絶対早い時間に帰宅する。
나보고 말이 많다고 그러니까 아무 말도 하지 말고 가만있어야겠어 .	私におしゃべりだと言うから、何も言わないで黙っておく。
혼자서는 힘들어서 파트너를 구해야겠네 .	一人ではきついから、パートナーを探すわ。
이런 귀중한 건 역시 대학이나 어디 전시관 같은 데 기증해야겠지 ?	こんな貴重なものは、やはり大学か、どこか展示館みたいなところに、寄贈しないとだめだよね。

② 「아야겠어 / 아야겠다 / 아야겠지」 → 「2・3人称主語＋動詞・있다 / 없다・이다＋ないと」

너 , 이거 충분히 잘 알아보고 해야겠다 .	お前、これ、充分調べてからやらないとだめだぞ。
그 사람 , 팔꿈치 수술해야겠어 .	その人、肘、手術しないとだめだと思うよ。
걔 , 몸에도 안 좋은데 패스트푸드 끊어야겠어 .	あの子、体にもよくないんだから、ファーストフード、止めないとね。
자네 , 큰아들네하고 합쳐야겠어 .	君、長男と一緒の世帯にならないとね。

使い方

動詞・있다 / 없다・이다語幹 ＋ 아 / 어야겠다 (겠어 / 겠지)

「기도 하다」「기는 하다」
動詞＋したりする、
動詞・形容詞・있다 / 없다・이다＋することはする

🔊 track 067

見分け方

動詞などにつけて、「したりする」「することはする」と言う時に使います。

① 「기도 하다」→「動詞・있다＋したりする」

지나가던 행인이 부상을 입기도 하였다 .	通りかかりの人が、ケガをしたりした。
모래밭에서 놀기도 하고 개울에서 물장난도 치지요 .	砂場で砂遊びをしたり、小川で水遊びをしたりします。
때에 따라 반찬 수를 줄이기도 했다고 한다 .	時に、おかずの数を減らしたりもしたと言う。

② 「기는 하다」→「動詞・形容詞・있다 / 없다・이다＋することはする」

아무래도 실내 공연장보다 힘들긴 하지요 .	どうしても、室内公演場より、難しいことは難しいです。
물론 팬들의 돌발 행동에 대비하기는 합니다 .	もちろん、ファンの突発行動に、備えることは備えます。

안타까운 일이기는 하지만 범죄는 범죄이니까요 .

もどかしいのはもどかしいですが、犯罪は犯罪ですからね。

> **使い方**

動詞・있다語幹 **+** 기도 하다

動詞・形容詞・있다 / 없다・이다語幹 **+** 기는 하다

「기로 하다」動詞・있다 **+** することにする

◀)) track 068

> **見分け方**

動詞・있다につけて、「することにする」と言う時に使います。

---

① 「기로 하다」 ➡ 「動詞・있다 **+** 것으로 하다」

당분간 치어리더에 의한 응원을 하지 않기로 하였다 .

当分チアリーダーによる応援をしないこととした。

더 이상 설계 변경을 하지 않기로 결정했다 .

これ以上、設計変更をしないことにした。

> **使い方**

動詞・있다語幹 **+** 기로 하다

「ㄹ까 / 을까 하다」
動詞・있다 ＋しようかなと思う（計画段階の意図）

🔊) track 069

見分け方

話題の出来事に対し、それが実行の計画段階にいることを言う時に使います。

---

① 「ㄹ까요 / 을까 하다」 ➡ 「動詞・있다 ＋しようかなと思う」

외국어 공부를 시작할까 해요 .　外国語の勉強を始めようかなと思っています。

그동안 신세진 것도 있고 해서 무료　今までお世話になったこともあって、無료로 봉사할까 합니다 .　料で奉仕しようかなと思っています。

使い方

動詞・있다語幹 ＋ ㄹ까 / 을까 하다

「려 / 으려고 하다」
動詞・있다 ＋しようとする（実行段階の意図）

🔊) track 070

見分け方

話題の出来事に対し、それがもはや実行段階に入っていることを言う時に使います。「려고 / 으려고」で閉じ、意図を聞いてくる相手への返事として、文末で使うこともあります。

① 「려고 / 으려고 하다」 → 「動詞＋しようとする」

아무래도 시대의 중심으로부터 밀려나려고 하고 있는 것 같다 .	どうも、時代の中心から押し出されようとしているようだ。
사회자의 지시에 따라 모닥불 주위에 둘러앉으려고 하고 있었다 .	司会者の指示にしたがい、焚火の周りを囲んで座ろうとしていた。
도를 넘는 상대방의 비협조적인 태도에 항의하려고 한다 .	度を超す相手の非協力的な態度に、抗議しようとしている。

使い方

動詞・있다語幹 ＋ 려고 / 으려고 하다

「고자 ～하다」 動詞＋있다＋しようと思う

🔊 track 071

見分け方

　話題の出来事に対し、それが公衆性を持つ意図であることを言う時に使います。プライベートなことに使われることはありません。

① 「고자 하다」 → 「動詞・있다＋しようかと思う」

새로이 시행하게 될 주택 정책에 대해 말씀드리고자 합니다 .	新たに施行することになる住宅政策について、申し上げようと思います。

이 책을 이웃과 정답게 살아가는 모습을 그려내고자 하는 미래의 미술 학도들에게 바치고 싶다 .

この本を、隣人と睦まじく暮らす姿を描こうとする未来の美術学徒たちに捧げたい。

使い方

動詞・있다語幹 **+** 고자 하다

💡 「려고 / 으려고 하다」「고자 하다」「ㄹ / 을까 하다」

解説　「려고 / 으려고 하다」、実行段階の意図を言う時に、「고자 하다」は、公衆性の意図を言う時に、「ㄹ / 을까 하다」は、計画段階の意図を言う時に使います。

이 달의 경제 동향을 보고드리려고 합니다 .　(✗)

이 달의 경제 동향을 보고드리고자 합니다 .　(〇)

이 달의 경제 동향을 보고드릴까 합니다 .　(✗)

　これが、記者会見場の発言であれば、使えるのは、「보고드리고자 합니다」だけとなります。

퇴근하려고 한다 .　(〇)　　　退勤しようとする。

퇴근하고자 한다 .　(✗)

퇴근할까 한다 .　　(〇)　　　退勤しようかなと思う。

　仕事を終え、帰ろうとする時に、まだ分からないけど、そろそろ帰りたいかなと言うのが「퇴근할까 한다」で、帰る行動に移しているのが「퇴근하려고 한다」です。私的なことなので、「퇴근하고자」は似合いません。

할 수만 있으면 피해를 최소화하려고 하였다. (**O**)	出来るものなら、被害を最小化しようとしたい。
할 수만 있으면 피해를 최소화하고자 하였다. (**▲**)	
할 수만 있으면 피해를 최소화할까 하였다. (**✗**)	

　被害は、最小化するのが当たり前の行動なので、実行段階にまで踏み込む「최소화하려고」が最も適切な言い方となります。やってもやらなくてもいいものではないので、「최소화할까」は、言いづらいです。公衆性が強い事案であれば、「최소화하고자」も言えます。

「면 / 으면 되다」
動詞・形容詞・있다 / 없다・이다＋すればいい」

🔊) track 072

> 見分け方

「면 / 으면 되다」は、仮定の条件をクリアした上での容認を言う時に使います。

① 「면 / 으면 되다」→「動詞・形容詞・있다 / 없다・이다＋すればいい」

면허증을 발급받고 싶은데 어떻게 하면 되나요?	免許証を発行してもらいたいのですが、どうすればいいですか？
가까운 경찰서에 가서 받으시면 돼요.	近くの警察署に行って、受け取ればいいです。
교수님한테 내면 돼요.	先生（教授）に出せばいいんです。
야채를 많이 먹으면 됩니다.	野菜をたくさん食べたらいいです。

使い方

動詞・形容詞・있다 / 없다・이다語幹 ＋ 면 / 으면 되다

「면 / 으면 안되다」
動詞・形容詞・있다 / 없다・이다 ＋ したらいけない　　🔊 track 073

見分け方

「면 / 으면 안되다」は、仮定条件のクリアを強く拒否、不許可、禁止する時に使います。

① 「면 / 으면 안되다」➡「動詞・形容詞・있다 / 없다・이다＋したらいけない」

지금 오면 안됩니다 .　　　　　今、来たらだめです。

담배를 피우면 안됩니다 .　　　煙草を吸ってはいけません。

사진을 찍으면 안돼요 .　　　　写真を撮ったらだめです。

使い方

動詞・形容詞・있다 / 없다・이다語幹 ＋ 면 / 으면 안되다

「아서 / 어서는 안되다」
動詞・形容詞・있다 / 없다・이다＋してはならない

見分け方

「아서 / 어서는 안되다」は、話題の自然な流れの結果を強く望まない時に使います。

---

① 「아서 / 어서는 안되다」➡ 「動詞・形容詞・있다 / 없다・이다＋してはならない」

애벌레는 숲의 생태계에서 보면 없어서는 안될 존재이다 .	幼虫は、森の生態系から見たら、なくてはならない存在だ。
한국전쟁은 다시는 일어나서는 안되는 비극이다 .	朝鮮戦争は、二度と起きてはならない悲劇だ。
그것은 궁중과 사대부들에게 없어서는 안될 중요한 물건이었다 .	それは、宮中と士大夫（両班層のこと）たちに、なくてはならない重要な品であった。

💡 「면 / 으면 안되다」 と 「아서 / 어서는 안되다」

 「면 / 으면 안되다」、仮定条件の実現を強く反対する時に、「아서 / 어서는 안되다」は、自然な流れの結果を強く望まない時に使います。

이 이상 지체하면 안됩니다 .	これ以上、滞らせたらだめですよ。
이 이상 지체해서는 안됩니다 .	これ以上、滞らせてはいけません。

　遅滞の発生を、仮定条件として言いたいのか、流れとして言いたいのかによって、「지체하면」「지체해서는」を使い分けます。起きたらだめという時には、「면 / 으면 안되다」の方を使います。

動詞・形容詞・있다 / 없다・이다語幹 **+** 아서 / 어서는 안되다

「면 / 으면 좋겠다」
動詞・形容詞・있다 / 없다・이다 **+** てほしい / であってほしい　　🔊) track 075

見分け方

「A +면 / 으면 좋겠다+ B」は、仮定していることが実現してほしいと言いたい時に使います。

① 「면 / 으면 좋겠다」 ➡ 「動詞・形容詞・있다 / 없다・이다 + てほしい / であってほしい」

경찰관에 대해 좀더 관심을 가지면 좋겠다 .	警察官に対して、もうちょっと関心を持ってほしい。
자신의 생각을 분명하게 말하면 좋겠다 .	自分の考えをはっきり話してほしい。
지금 오시면 좋겠어요 .	今、来てほしいです。

② 「았 / 었으면 좋겠다」 ➡ 「動詞・形容詞・있다 / 없다・이다 + てほしい / であってほしい」

소방관의 어려움을 떠올리는 계기가 되었으면 좋겠다 .	消防士の大変さを思い起こすきっかけになってほしい。
육아 휴직을 해도 경력이 인정받을 수 있었으면 좋겠어요 .	育児休職をしても、経歴を認めてもらえるようになってほしいです。
공사가 빨리 끝났으면 좋겠어요 .	工事が早く終わってほしいです。

③「셨 / 으셨으면 좋겠는데요」「시 / 으시면 좋겠는데요」→「動詞・形容詞・있다 / 없다・
이다＋て頂きたいのですが」

같이 오셨으면 좋겠는데요 .	ご一緒に来て頂きたいんです。
주소를 가르쳐 주시면 좋겠는데요 .	住所を教えて頂けると、ありがたいのですが。
저희 사정도 알아주셨으면 좋겠습니다 .	私たちの事情も、ご理解頂けると、助かります。

💡 「면 / 으면 좋겠다」 と 「았으면 / 었으면 좋겠다」

📖 解説　「면 / 으면 좋겠다」は、即効性を期待し、迫る時に、「았으면 / 었으면 좋겠다」は、一歩引いた願望を言う時に使います。どちらも、願望を言いますが、日常生活では、「았 / 었으면 좋겠다」がよく使われます。即効性を期待し、迫る言い方が出来る機会は、そうはないからです。

💡 「고 싶다」 と 「았 / 었으면 좋겠다」

📖 解説　「고 싶다」は、自らの意志で、そうなりたいと願う希望や願望を言う時に、「았 / 었으면 좋겠다」は、実現できたら幸いと思う仮定の希望や願望を言う時に使います。

의사가 되고 싶어요 .	医者になりたいです。
의사가 됐으면 좋겠어요 .	医者になれたらいいと思います。

　将来の希望に対する答えだとすれば、「되고 싶어요」は、子供の強い希望の意志表示を言う時に、「됐으면 좋겠어요」は、仮定の願望の気持ちを言う時に使います。

아 , 여행 가고 싶어요 .	ああ、旅行に行きたいです。
아 , 여행 갔으면 좋겠어요 .	ああ、旅行に行きたいですね。

　「가고 싶어요」は、旅行に行きたいと願う気持ちを言う時に、「갔으면 좋겠어요」は、実現できたらいいなと願う気持ちを言う時に使います。

使い方

動詞・形容詞・있다 / 없다・이다語幹 ＋ 면 / 으면 좋겠다

「것 같다」
動詞・形容詞・있다 / 없다・이다 ＋ ようだ / そうだ

🔊 track 076

見分け方

「같다」が「同じ、一緒」という意味ですから、「것 같다」は、話題の出来事が、頭で思い描いているイメージとほぼ一致すると思える時に使います。

① 「는 것 같다」→「動詞・있다 / 없다＋ようだ」

뭐가 반짝거리는 것 같다 .	何か光っているようだ。
반기는 것 같지도 않은데 그냥 가요.	喜んで迎えてくれるわけでもないみたいだから、このまま引き返しましょう。
전혀 무서워하는 것 같지 않은데 .	全く怖がっているように見えないけど。
올까말까 망설이는 것 같지 ?	来るかどうか、迷っているみたいだね？

② 「ㄴ / 은 것 같다」→「動詞・形容詞・이다＋ようだ」

완전히 물든 거 같은데 괜찮겠어 ?	完全に染まっているみたいだけど、大丈夫そう？
이 지갑 , 누가 잃어버린 것 같다 .	この財布、誰かがなくしたみたい。
결혼하기로 마음먹은 것 같지 ?	結婚することにしたみたいだね？

③ 「ㄹ / 을 것 같다」→ 「動詞・形容詞・있다 / 없다・이다＋そうだ」

우리 제안 받아들일 것 같아요?	こっちの提案、受け入れてくれそうですか？
얼마나 더 버틸 것 같아요?	あとどのくらい耐えそうですか？
비가 와서 길이 미끄러울 것 같아.	雨が降ったから、道が滑りやすそうよ。
이렇게 맛있으면 사람들이 몰려들 것 같은데.	こんなに美味しかったら、人がどんと来そうなもんなのに。

④ 「던 것 같다」→ 「動詞・形容詞・있다 / 없다・이다＋ていたようだ」

건전지가 어디 있었던 것같은데...	電池がどこかに、あったように見えたんだけど。
우리가 우승했던 것 같은데 아니었어?	俺たちが優勝したように覚えているんだけど、違った？
오늘 장사 끝났다고 마무리하던 것 같았는데.	今日、商売終わったといって、後片付けしていたように見えたけど。

💡 3 人称主語＋「겠어」「ㄹ / 을 거야」「ㄹ / 을 것 같아」

解説 「3 人称主語＋겠어」は、強く確信したり推測したりする時に、「ㄹ / 을 거야」は、漠然とした推測をする時に、「ㄹ / 을 것 같아」は、察していた通りだろうと言いたい時に使います。

이러다가 들키겠어.	こうしてたら、ばれるよ。
이러다가 들킬 거야.	こうしてたら、ばれるよ。
이러다가 들킬 것 같아.	こうしてたら、ばれそう。

「들키겠어」は、間違いなくばれると強く推測する時に、「들킬 거야」は、根拠もなく漠然と推測する時に、「들킬 것 같아」は、察していた通りになりそうと推量する時に使います。

 「는 것같다」「ㄴ / 은 것 같다」「ㄹ / 을 것 같다」

 「動詞＋는 것같다」「動詞・形容詞＋ㄴ / 은 것 같다」は、何らかの予備知識を持って推測する言い方で、「ㄹ / 을 것 같다」は、それを持たず、自分の直感で推測する言い方です。

지금 가시는 것 같아요 .	もう帰られるようです。
지금 가실 것 같아요 .	もう帰られそうです。

「가시는 것 같아요」は、帰る情報を耳に入れて言う時に、「가실 것 같아요」は、直感的に言う時に使います。

이 시계 , 비싼 것 같은데요 ?	この時計、高いみたいですよ。
이 시계 , 비쌀 것 같은데요 ?	この時計、高そうですよ。

「비싼 것 같은데요 ?」は、時計の高い要素を何か見つけた時に、「비쌀 것 같은데요 ?」は、時計を見て直感で値段を推量する時に使います。

使い方

動詞語幹 **＋** 는 같다
動詞・形容詞・있다 / 없다・이다語幹 **＋** ㄹ / 을 것 같다
動詞・形容詞・있다 / 없다・이다語幹 **＋** ㄴ / 은 것 같다

「듯」「듯하다」
動詞・形容詞・있다 / 없다・이다＋ごとく
動詞・形容詞・있다 / 없다・이다＋ようだ / そうだ

◀)) track 077

見分け方

「것 같다」とほぼ同じ意味で、格好つける、酔いしれる、など、ナルシスト的な言い方として使います。

---

① 「듯」 ➡ 「動詞・形容詞・있다 / 없다・이다＋ごとく」

바람에 흔들리듯 불안하게 들리는 색소폰 소리가 좋다 .	風に揺られるがごとく、頼りなさそうに聞こえるサックスの音がいい。
잠깐만 걸어도 땀이 비 오듯 하는 사람은 다한증일 가능성이 있다 .	少し歩いただけで、汗を雨のごとく掻く人は、多汗症の可能性がある。
돈을 물 쓰듯이 쓰다 보면 문득 모든 재미가 한순간에 사라질 때가 있다 .	お金を水のごとく、使っていると、ふとすべての楽しみが一瞬で消える時がある。

② 「는 듯」 ➡ 「動詞・있다 / 없다＋ごとく」

그 경비원은 나하고 아무런 상관 없다는 듯 뒷짐을 지고 돌아섰다 .	その警備員は、自分と何のかかわりもいかのごとく、後ろ手に組み、背を向けた。
잠시 뒷다리를 구부리는 듯하더니 금새 대지를 박차고 하늘로 날아올랐다 .	一瞬後ろ脚を曲げたかに見えたが、たちまち大地を蹴立て、空へ飛び立った。

③「ㄴ / 은 듯」→「動詞・形容詞・이다＋ようだ」

아기는 자라면서 점점 엄마를 빼다 박은 듯 닮아 갔다.	子供は、育つにつれ、次第にお母さんそっくりの姿に似ていった。
이제 친구로 지내자는 그녀의 말에 나는 망치로 머리를 얻어 맞은 듯 한동안 아무 생각도 할 수가 없었다.	もう友達としてやっていこうという彼女の言葉に、私はハンマーで頭を殴られたように、しばしの間、何も考えられなかった。

④「ㄹ / 을 듯」→「動詞・形容詞・있다 / 없다・이다＋そうだ」

장난감을 받고 뛸 듯이 기뻐하는 아들을 보며 그는 잠시 생각에 잠겼다.	おもちゃをもらい、飛び跳ねそうに喜ぶ息子を見ながら、彼は、しばらく考えに耽った。
지금의 회복 상태를 보면 3개월 이내에 복귀가 가능할 듯하다는 것이 전문가의 의견이다.	今の回復状況を見ると、3ヵ月以内に復帰が可能そうだと見るのが専門家の意見だ。

使い方

動詞語幹 + 는 듯
動詞・形容詞・있다 / 없다・이다語幹 + ㄹ / 을 듯
動詞・形容詞・있다 / 없다・이다語幹 + ㄴ / 은 듯

「ㄹ / 을 만하다」動詞・있다＋に値する

track 078

見分け方

　話題の出来事に対して、頭の中で思い描いていた価値基準にほぼはまってきていることを言う時に使います。

(1)「ㄹ/을 만하다」→「動詞・있다＋に値する」

이 제도는 기초 생활 수급자들을 대상으로 한 것으로 어느 정도 살 만한 사람에게는 혜택이 주어지지 않는다 .	この制度は、基礎生活受給者を対象にしたもので、ある程度の生活が出来ている人には、その優遇措置が与えられない。
이곳은 주목할 만한 성과를 꾸준히 내고 있는 연구소로 알려져 있다 .	ここは、注目に値する成果を、絶えず出し続けている研究所として知られている。
이번 휴가 때 독일에 가려고 하는데 어디 가 볼 만한 장소 좀 추천해 주세요 .	今度の休みの時に、ドイツへ行こうとしているんですけど、どこか、行ってみた方がいい（見るに値する）ところを推薦して下さい。

使い方

動詞・있다語幹 ＋ ㄹ / 을 만하다

「나/이나 마찬가지이다」「나〜나 마찬가지이다」
名詞＋同然だ、動詞＋ても〜ても同じだ

🔊 track 079

見分け方

名詞や動詞の後につけて、どちらを選んでも、あまり変わらないことを表します。

(1)「나 / 이나 마찬가지이다」→「名詞＋同然だ」

그 분은 나에게는 부모님이나 마찬가지이다 .	あの方は、自分にとって、親同然だ。

그 선배는 친형이나 마찬가지이다 .　あの先輩は、実の兄同然だ。

② 「나〜나 마찬가지이다」→「動詞＋ても変わらない」

지금 취재하나 나중에 하나 마찬가
지이다 .
今取材しても、後でやっても、一緒だ。

날짜를 연기하나 마나 별 달라질 것
이 없다 .
日付を延期してもしなくても、別に変わ
るものはない。

使い方

名詞 **+** 나 / 이나 마찬가지이다
動詞 **+** 나〜나 마찬가지이다

「나 보다」動詞・있다 / 없다 **+** 미타이다 / 라시이

🔊 track 080

見分け方

出来事の推移が自分にそう見えていることを、相手を気にしながら言う時に使います。

① 「나 보다」→「動詞・있다 / 없다＋みたいだ / らしい」

그 두 사람은 요즘도 만나기만 하면
티격태격하나 봐요 .
あの 2 人は、最近も会うとすぐ、言い争っ
たりするみたいですよ。

다음 달에 영업부하고 기획부를 통
합시키나 봐요 .
来月に、営業部と企画部を統合するらし
いですよ。

② 「았 / 었나 보다」 → 「動詞・形容詞・있다 / 없다・이다＋ようだ / みたいだ」

이거 , 건전지가 다 됐나 봐요 .　　　これ、電池が切れたみたいですよ。

내가 누군가를 많이 닮았나 보다 .　　僕が誰かに似ているようだ。

使い方

動詞・있다 / 없다語幹 **+** 나 보다

「가 보다」
動詞・形容詞・있다 / 없다・이다＋みたいだ / ようだ　　🔊 track 081

見分け方

出来事の推移が、時間をかけてそうなっているように見えることを表します。

① 「는가 보다」 → 「動詞・있다 / 없다＋みたいだ / ようだ」

그쪽 어머니가 형님네 따님을 탐내　　あっちのお母さんが、先輩の娘さんをほ
는가 봐요 .　　　　　　　　　　　　しがっているみたいですよ。

이번에 제조과가 또 새 특허를 출원　　今回、製造課がまた新しい特許を出願す
하는가 봅니다 .　　　　　　　　　　るみたいです。

② 「ㄴ / 은가 보다」 → 「形容詞・이다＋みたいだ / ようだ」

이야기를 들어 보니까 그 목사님 삶　　話を聞いてみると、あの牧師先生、人生
이 참 파란만장하신가 봐요 .　　　　がすごく波乱万丈みたいですね。

일기예보 보니까 우리 가는 데 날씨 가 아주 화창한가 봐요 .

天気予報を見たら、私たちが行くところ の天気が、とてもうららかみたいです よ。

③ 「던가 보다」 → 「動詞・形容詞・있다 / 없다・이다 + ようだ」

손님 대접을 하는 우리 자세가 아주 유별했던가 보다 .

客にもてなしをする私たちの姿勢が、と ても格別だったようだ。

두 팀이 실력이 아주 엇비슷했던가 봐요 . 좀처럼 승부가 안 나더래요 .

両チームの実力がとても拮抗していた らしいんですよ。なかなか勝負がつかな かったみたいです。

💡 「나 보다」 と 「가 보다」

解説　動詞・있다 / 없다는 「나 보다」「가 보다」両方使います。形容詞・이다の現在形には、「나 보다」がつきません。過去形なら使います。形容詞の現在形には、「가 보다」を使います。「나 보다」は、出来事の推移が自分にそう見えていることを相手の出方を気にしながら言う時に、「가 보다」は、その出来事が時間をかけて推移しているように見えていることを言う時に使います。

저쪽은 길이 울퉁불퉁하나 봐 .
（✗）

저쪽은 길이 울퉁불퉁한가 봐 .
（○）

あっちは、道がデコボコみたいだね。

「울퉁불퉁하다」 は、形容詞なので、「울퉁불퉁한가 봐」 を使います。

하는 짓이 시원찮나 봐 .　（✗）

하는 짓이 시원찮은가 봐 .　（○）

何か、やっていることが冴えないみたい なんだよ。

「시원찮다」 は、形容詞なので、「시원찮은가 봐」 を使います。

사업이 잘 안될까 봐 노심초사하
나 봐요.　　（**O**）

사업이 잘 안될까 봐 노심초사하　ビジネスが上手く行かなかったらどうし
는가 봐요.　（**O**）　　　　　　ようと、焦慮しているみたいです。

「노심초사하나 봐요」는、「そうやって気を揉んでいるみたいですよ、どう思います？」
の気持ちの時に、「노심초사하는가 봐요」は、「そこに至るまでに苦労しているんでしょ
うね」の気持ちの時に似合います。

많이 놀랐나 봐요.　　　（**O**）

많이 놀랐는가 봐요.　　（**O**）　　　だいぶびっくりしているみたいです。

「놀랐나 봐요」は、「声でもかけてやりますか」と思いながら言う時に、「놀랐는가 봐요」
は、「何かあったからそういうことになっただろうな」と思いながら言う時に似合います。

굉장히 감동적이나 봐요.　（**✕**）

굉장히 감동적인가 봐요.　（**O**）　　　すごく感動的らしいですよ。

「이다」は、現在形の時には、「가 봐요」を使います。

動詞・形容詞・있다 / 없다・이다語幹 **＋** 가 보다

「도록 하다」動詞・있다 ＋ ようにする

見分け方

動詞・있다の語幹につけて、「ようにする」と言う時に使います。

---

① 「도록 하다」 ➡ 「動詞・있다 ＋ ようにする」

후기를 남길 수 있도록 하는 이벤트도 해 보죠.	口コミを残すようにするイベントもやってみましょうよ。
좀더 적극적으로 연구 개발을 유도하고 독려하도록 해야 한다.	もう少し積極的に研究開発を誘導し、励ますようにしなければならない。
초소형 카메라를 악용하지 못하도록 하려면 신상 정보를 등록하도록 해야 한다.	超小型カメラを悪用できないようにするためには、身上情報を登録するようにしなければならない。
이걸 끝내야 우리가 살 수 있으니까 당분간은 이 일에만 전념할 수 있도록 해 주세요.	これを終わらせないとわれわれが生きていけないから、当分は、このことに専念できるようにして下さい。

使い方

動詞・있다語幹 ＋ 도록 하다

「척하다」
動詞・形容詞・있다 / 없다・이다 ＋ふりをする

見分け方

ある行動や状態を、もっともらしく嘘で飾っていることを言う時に使います。

① 「는 척하다」 ➡ 「動詞・있다 / 없다 ＋ ふりをする」

높은 곳에서 보니 탱크가 돌아가는 척하다가 다시 이쪽으로 머리를 돌리는 것이 보였다.	高台から見たら、戦車が一旦戻るふりをし、再びこっち側に向きを変えるのが見えた。
안 가면 또 뭐라고 그러니까 가서 살펴보는 척만 하고 다시 돌아오라고.	行かなかったらまた何か言ってくるから、行って調べるふりだけして、また戻って来てって。
그 중학생은 택시를 내려서 조수석 문쪽으로 다가와 카드를 주는 척하더니 그대로 뛰어 도망쳤다.	その中学生は、タクシーを降りて、助手席の窓側に寄ってきて、カードを出すふりをし、そのまま走って逃げた。

② 「ㄴ / 은 척하다」 ➡ 「形容詞・이다 ＋ ふりをする」

똑똑한 척은 혼자 다 하더니 제대로 일처리 하나 못하고 저게 무슨 망신이야.	賢い真似は一人で全部しておいて、ろくに仕事もさばけないし、あれは、とんでもない恥さらしだよ。
아무도 없으면 멀쩡하면서 간호사나 의사만 오면 저렇게 아픈 척하네.	誰もいないと何ともないのに、看護師や医者が来たら、あんなに痛いふりをするんだね。

動詞・形容詞・있다 / 없다・이다語幹 **＋ 척하다**

「뻔하다」動詞＋ところだった

🔊)) track 084

話題の出来事が、実際には起こっていないが、起こる可能性がかなり高かったことを言う時に使います。

① 「ㄹ / 을 뻔하다」→「動詞＋ところだった」

| 예쁘고 멋진 우리 선생님 앞에서 하마터면 눈물을 보일 뻔했다. | 美しく素敵な私たちの先生の前で、危うく涙を見せるところだった。 |
| 나를 보고 미소를 흘리는 여인의 미모에 그만 현혹될 뻔했다. | 私を見て笑みを浮かべてくる女性の美貌に、ころっと眩惑されるところだった。 |

動詞語幹 **＋ ㄹ / 을 뻔하다**

「모양이다」
動詞・形容詞・있다 / 없다・이다 ＋ 模様だ

見分け方

「모양」は、模様の意味なので、「する模様だ」の意味になります。

---

① 「는 모양이다」 → 「動詞・있다 / 없다 ＋ 模様だ」

금년 내로 실적이 안 좋은 계열사를 합병하는 모양이다 .	今年度内に、実績が良くない系列会社を合併する模様だ。
재정난으로 인해 2 부 리그 팀들을 해체시키는 모양이다 .	財政難により、2 部リーグのチームを解体させる模様だ。

② 「ㄴ / 은 모양이다」 → 「動詞・形容詞・이다 ＋ ようだ」

다행히 아슬아슬하게 위험지대에서 벗어난 모양이었다 .	幸いに、ぎりぎり危険地帯から逃れたようだった。

③ 「ㄹ / 을 모양이다」 → 「動詞・形容詞・있다 / 없다・이다 ＋ ようだ」

산 중턱까지 넓게 토지공사를 하는 걸 보니 맨션 단지라도 들어설　모양이다 .	山の中腹まで広く土地工事をするのを見ると、マンション団地でも建つようだ。
의약품을 처방하기 전에 다른 곳에서 어떤 약을 처방받았는지 점검하도록 할 모양이다 .	医薬品を処方する前に、他のところからどんな薬を処方してもらったのか、点検するようにするようだ。

④「던 모양이다」→「動詞・形容詞・있다 / 없다・이다＋ようだ」

극적인 승리를 거두는 것을 보고 꽤 나 흥분됐던 모양이다 .　劇的な勝利を挙げるのを見て、よほど興奮したようだ。

使い方

動詞・形容詞・있다 / 없다・이다 **+** 모양이다

「지경이다」 動詞・形容詞・있다 / 없다・이다 **+** ほどだ ◀) track 086

見分け方

話題の出来事が、もう持たない程度、状態にまで至っていることを言う時に使います。

---

①「ㄹ / 을 지경이다」→「動詞・形容詞・있다 / 없다・이다＋ほどだ」

이렇게 수입이 줄어들다가는 파산 이라도 해야 할 지경이다 .　こんなに収入が減ってくると、破産でもしなければならないほどだ。

이런 상황 속에서도 제정신을 지키고 있는 내 자신이 오히려 이상할 지경이다 .　こんな状況の中でも、正気を保っている自分自身が、かえっておかしいほどだ。

매일같이 돈 갚으라는 빚쟁이들 성화에 정말 죽을 지경이다 .　毎日のように金返せという借金取りたちの督促に、本当に死にたいほどだ。

動詞・形容詞・있다 / 없다・이다 **+** ㄹ / 을 지경이다

「편이다」動詞・形容詞・있다 / 없다・이다 **+** 方だ

◀)) track 087

見分け方

話題の出来事が、特定の方向に傾いていることを言う時に使います。

---

① 「는 편이다」 ➡ 「動詞・있다 / 없다＋方だ」

나는 커피를 즐겨 마시는 편이다 .	私はコーヒーを好んで飲む方だ。
음모론자들의 주장은 신뢰하지 않는 편이다 .	陰謀論者たちの主張は、信頼しない方だ。
나는 밝은 색 옷을 즐겨 입는 편이다 .	私は、明るい色の洋服を好んで着る方だ。

② 「는 편이다」 ➡ 「動詞・있다 / 없다＋方だ」

우리 백화점은 이용 후기가 비교적 적은 편이다 .	うちのデパートは、レビューが比較的少ない方だ。
우리 가족은 비교적 키가 큰 편이다 .	うちの家族は、比較的背が大きい方だ。
이곳은 다른 지역에 비해 기온이 높은 편이다 .	ここは、他の地域に比べ、気温が高い方だ。

154

動詞・形容詞・있다 / 없다・이다 **+** 편이다

「기 마련이다」動詞＋ものだ

🔊 track 088

見分け方

　話題の出来事が、所詮そのように落ち着くに決まっていると考えていることを言う時に使います。

① 「기 마련이다」 ➡ 「動詞＋ものだ」

인간은 태어나서 죽을 때까지 여러 가지 관문을 거치게 마련이다 .	人間は、生まれて死ぬ時まで、様々な関門を経るものだ。
사랑한 이도 좋아하던 것도 결국은 다 사라지기 마련이다 .	愛した人も、好きだったものも、結局は、皆消えてしまうものだ。
가이드가 달라지면 여행도 달라지기 마련이다 .	ガイドが違えば、旅行も違ってくるものだ。

使い方

動詞・形容詞・있다 / 없다・이다語幹 **+** 기 마련이다

155

「기 나름이다」 動詞＋次第だ

◀)) track 089

見分け方

　話題の出来事が、その出来具合や出方によって、状況が変わることがあると言う時に使います。

---

① 「기 나름이다」 ➡ 「動詞＋次第だ」

- -

합격하고 못 하고는 내가 열심히 하기 나름이라고 생각한다.	合格するしないは、私が一生懸命やるかやらないか次第だと思う。
단기간에 성공하고 못 하고는 단순화시키기 나름이다.	短期間に成功するしないは、単純化させれるかさせられないか次第だ。

使い方

動詞 ＋ 기 나름이다

「기 때문이다」
動詞・形容詞・있다 / 없다・이다 ＋ からだ

◀)) track 090

見分け方

話題の出来事に対する理由、根拠を言う時に使います。

---

① 「기 때문이다」 ➡ 「動詞・形容詞・있다 / 없다・이다＋からだ」

- -

물방울들이 빛을 통과하는 것을 막기 때문이다.	水玉が、光を通過するのを防ぐからだ。

내가 처벌을 받지 않은 것은 운 좋게 그 자리에 없었기 때문이다 .	私が処罰を受けなかったのは、運よくその場にいなかったためだ。
비가 그친 직후에는 해가 뜰 때 무지개가 잘 생기기 때문이다 .	雨が止んだ直後は、日が出る時に、虹ができやすいからだ。

使い方

動詞・形容詞・있다 / 없다・이다語幹 **＋** 기 때문이다

「기 편하다」動詞＋するのにいい（利便性がいい）

🔊 track 091

見分け方

話題の出来事が、自分にとって便宜がいいと言いたい時に使います。

①「기 편하다」➡「動詞＋しやすい」

회사 가기 편해요 .	会社に行きやすいです。
다른 선으로 갈아타기 편해요 .	他の線に乗り換えやすいです。
운전하기 편한 차가 좋아요 .	運転しやすい車がいいです。

使い方

動詞・있다語幹 **＋** 기 편하다

「기 쉽다」動詞＋しやすい（低難易度）

) track 092

 見分け方

話題の出来事が、自分にとって低難易度のものであると言う時に使います。

---

① 「기 쉽다」→「動詞＋しやすい」

알아듣기가 아주 쉬워요 .	聞き取るのがとても楽です。
학점 따기 쉬운 과목이 뭐예요 ?	単位を取りやすい科目は何ですか？
좀 알기 쉽게 이야기해 주세요 .	もう少し分かりやすく話して下さい。
한 입에 먹기 쉽게 미리 잘라 놓았어요 .	一口で食べやすいように、先に切っておきました。

見出し 使い方

動詞・있다語幹 ＋ 기 쉽다

💡 「기 쉽다」「기 좋다」「기 편하다」

解説 「기 쉽다」は、「쉽다」が「簡単、易しい」という意味なので、低難易度を言う時に、「〜기 좋다」は、「좋다」が「いい」という意味なので、好都合や好状況と言いたい時に、「〜기 편하다」は、「편하다」が「楽だ、便利だ」という意味なので、便利、楽と感じていることを言いたい時に使います。

이렇게 놔 두면 다치기 쉬워요 . (〇)	こう置いておいたら、ケガしやすいですよ。
이렇게 놔 두면 다치기 좋아요 . (〇)	こう置いておいたら、ケガしやすいですよ。
이렇게 놔 두면 다치기 편해요 . (✕)	

「다치기 쉬워요」は、簡単にケガする意味、「다치기 좋아요」は、ケガには好都合という意味なので、成立します。「다치기 편해요」は、ケガの利便性を言う表現になるので、使いません。

「기 쉽다」は、「기 어렵다」と反対に、「기 좋다」は、「기 나쁘다」と反対に、「기 편하다」は、「기 힘들다」と反対の意味になります。

「기 어렵다」動詞＋しにくい / しがたい（高難易度）

🔊)) track 093

見分け方

話題の出来事が、自分にとって高難易度の出来事であると言う時に使います。

---

① 「기 어렵다」➡「動詞＋しにくい」

계획을 세우기가 좀 어렵네요.	計画を立てるのが少し難しいですね。
믿기 어려운 일이 일어났어요.	信じ難いことが起こりました。
감독님한테 정말 칭찬받기 어려워요.	監督に本当に誉めてもらいにくいです。

使い方

動詞・있다語幹 ＋ 기 어렵다

💡 「기 어렵다」「기 나쁘다」「기 힘들다」

 解説　「기 어렵다」は、「어렵다」が難しいという意味なので、高難易度と言いたい時に、「기 나쁘다」は、「나쁘다」が悪いという意味なので、都合が悪い、状況的によくないと言いたい時に、「기 힘들다」は、「힘들다」が大変という意味なので、何かをするのが大変と言いたい時に使います。

혼자서 가기 어려워요.　（〇）　　　一人では行きにくいです。

혼자서 가기 나빠요.　　（〇）

혼자서 가기 힘들어요.　（〇）　　　一人では行きにくいです。

「가기 어려워요」は、高難易度を問題視する時に、「가기 힘들어요」は、大変さを問題
視する時に、「가기 나빠요」は、状況的な悪さを問題視する時に使います。

이 컵 쓰기 어려운데요?　（✕）

이 컵 쓰기 나쁜데요?　　（〇）　　　このカップ、使いにくいですね。

이 컵 쓰기 힘든데요?　　（✕）

　カップの使い方に、難易度や大変さは、考えにくいです。「쓰기 나쁜데요?」は、使い
勝手の悪さを指摘する言い方なので使います。

「漢字語名詞＋되다」漢字語名詞＋される / する

🔊 track 094

見分け方

　「漢字語名詞＋하다」のひとごと受身形として使います。「漢字語名詞＋される / する（自
動詞）」の意味になります。
下記のリストは、直近の試験に使われたものです。覚えておけば、今後の試験にも、問
題なく対応出来ると思います。

① 「漢字語名詞＋되다」➡ 「漢字語名詞＋される / する（自動詞）」

포함되다	包含される、含まれる	혼합되다	混合される、混じる
사용되다	使用される、使われる	관련되다	関連する、関わる

마련되다	用意される	준비되다	準備される、用意される、備わる
배출되다	排出される	확립되다	確立される、確立する
공개되다	公開される	작성되다	作成される
기록되다	記録される、書かれる	개발되다	開発される
압축되다	圧縮される	활용되다	活用される、生かされる
해석되다	解釈される	목격되다	目撃される
발견되다	発見される、見つかる	고려되다	考慮される
적용되다	適用される	기대되다	期待される
약속되다	約束される	시도되다	試される
언급되다	言及される	촉진되다	促進される、促される
시행되다	試行される	개최되다	開催される
선정되다	選定される、選ばれる	보존되다	保存される
공개되다	公開される	구성되다	構成される
결제되다	決済される	굴절되다	屈折する
과열되다	過熱する	설정되다	設定される
예상되다	予想される	복원되다	復元される
손상되다	損傷する	변형되다	変形される、変形する
통과되다	通過する、通る	강조되다	強調される
편중되다	偏重される、偏重する、偏る、片寄る	간소화되다	簡素化される、簡素化する

변화되다	変化する、変わる、変えられる	유지되다	維持される
반영되다	反映される	축소되다	縮小される
유통되다	流通される	판매되다	販売される
확대되다	拡大される、拡大する	실시되다	実施される
밀착되다	密着される	예측되다	予測される
퇴색되다	退色する、色あせる	개선되다	改善される、改善する
가동되다	稼働される、稼働する	안정되다	安定される、安定する
공급되다	供給される	부여되다	付与される
도입되다	導入される	정립되다	定立される、定立する
제기되다	提起される	악용되다	悪用される
정돈되다	整頓される、整う	출간되다	刊行される、刊行する
제작되다	制作される	반대되다	反対される
활성화되다	活性化される、活性化する	정체되다	停滞される、停滞する
배달되다	配達される	오염되다	汚染される、汚染する
구분되다	区分される		

使い方

漢字語名詞 **+** 되다

「漢字語名詞＋시키다」漢字語名詞＋させる

🔊 track 095

見分け方

「漢字語名詞＋하다」の使役形として使います。「漢字語名詞＋させる」の意味になります。

① 「漢字語名詞＋시키다」➡ 「漢字語名詞＋させる」

발효시키다	発酵させる	결합시키다	結合させる
숙성시키다	熟成させる	변화시키다	変化させる、変えさせる
이동시키다	移動させる	건조시키다	乾燥させる、乾かせる、乾かす
향상시키다	向上させる	감동시키다	感動させる
활성화시키다	活性化させる	안심시키다	安心させる
발달시키다	発達させる	소외시키다	疎外させる
확인시키다	確認させる		

使い方

漢字語名詞 ＋ 시키다

「漢字語名詞＋받다」漢字語名詞＋される／してもらう

🔊 track 096

見分け方

「漢字語名詞＋하다」のわがこと的受身形として使います。「漢字語名詞＋される／してもらう」の意味になります。

인정받다	認定される、認定を受ける、認定してもらう
주목받다	注目される、注目を受ける
환불받다	払い戻しを受ける、払い戻しをしてもらう
존경받다	尊敬される、尊敬を受ける
처벌받다	処罰される、処罰を受ける
공급받다	供給される、供給を受ける、供給してもらう
처방받다	処方される、処方を受ける、処方してもらう
점검받다	点検を受ける、点検してもらう
이해받다	理解してもらう
보호받다	保護される、保護を受ける、保護してもらう
허락받다	許諾される、許される、許してもらう
보장받다	保障される、保障してもらう

使い方

漢字語名詞 ＋ 받다

「漢字語名詞＋당하다」漢字語名詞＋される

見分け方

「漢字語名詞＋하다」の迷惑受身形として使います。「漢字語名詞＋される」の意味に
なります。

① 「漢字語名詞＋당하다」 ➡ 「漢字語名詞＋される」

외면당하다	そっぽを向かれる
공격당하다	攻撃される
습격당하다	襲撃される
소외당하다	疎外される
추궁당하다	追及される
훼손당하다	毀損される、傷つけられる、壊される
취소당하다	取消される

使い方

漢字語名詞 ＋ 당하다

第 **8** 章

接続表現

この章では、直近の試験で出題された接続
表現について説明します。これらを学修し
ておけば、試験の 95% 以上をカバーでき
ると思います。本書に挙げられていないも
のについては、『中上級ハングル文法活用
辞典』（イム・ジョンデ著　秀和システム刊）
を参照して下さい。

「던」動詞・形容詞・있다 / 없다・이다語幹＋ていた

見分け方

「A ＋던＋ B」は、過去に繰り返して起きたり自分が経験したりしていた A を連体形にし、B につなげる時に使います。

---

① 「던」➡「動詞・있다＋ていた」

그런데 하시던 일은 어떻게 하셨어요?	しかし、やっていた仕事は、どうされたのですか？
도로에 불법 주차된 차로 인해 늘 막히던 것도 거의 없어졌다.	道路に不法駐車した車のせいで、いつも混んでいたこともほとんどなくなった。
통계 수치에 근거하던 평가 방법을 개선하기로 하였다.	統計数値に基づいた評価方法を改善することにした。

② 「았 / 었던」➡「動詞・形容詞・없다・이다＋かった / だった」

언젠가 여름에 갔었던 그 횟집, 기억 나?	いつか、夏に行った、あの刺身屋、覚えている？
왕이 자신의 식사인 수라상을 정치에 적절히 이용했던 것이다.	王が自分の食事であるスラサン（王の食膳）を政治に適切に利用したのである。
처음 우려했던 것과는 달리 호의적인 반응을 보여 왔다.	最初憂慮したのとは違い、好意的な反応を示してきた。

使い方

動詞・形容詞・있다 / 없다・이다語幹 ＋ 던

「려던 / 으려던」 動詞・있다語幹 + しようとしていた

◀)) track 099

見分け方

「A +려던 / 으려던+ B」は、「A +려고 / 으려고 하던 B」の縮約形なので、過去のある
時に実行しようとしていたことを連体形にし、次の B につなげる時に使います。

---

① 「려던 / 으려던」➡「動詞・있다 + しようとしていた」

음주 운전에 대한 경각심을 높이려던 취지에 잘 부합된다 .

飲酒運転に対する警戒心を高めようとしていた趣旨に、うまく符合する。

정부가 제공하려던 의약품 안전 사용 서비스에 대해 잠정적으로 보류가 결정되었다 .

政府が提供しようとしていた医薬品安全使用サービスに対し、暫定的に保留することが決まった。

使い方

動詞・있다語幹 + 려던 / 으려던

「ㄹ / 을 테니까」
動詞・形容詞・있다 / 없다・이다 + するから / だろうから

◀)) track 100

見分け方

自分の心の中に、そういう手はずになっていることを言う時に使います。1人称主語
では、必ずその手はずを整えると言う時に、2人称主語・3人称主語では、おそらくそ
のはずだろうと強く推測する時に使います。

화분 내가 옮겨 놓을 테니까 나중에 물이나 줘.	植木、俺が運んでおくから、後で水はあげてよ。
제가 책임질 테니까 계획대로 하세요.	私が責任を取るから、計画通りやって下さい。
부족한 건 내가 채울 테니까 걱정할 필요 없어.	不足分は、私が穴埋めするから、心配する必要はない。
무슨 일이 있어도 찾아낼 테니까 기다리세요.	何事があっても探し出すから、待って下さい。

너, 시간 없을 테니까 내가 해 놓을게.	あんた、時間がないだろうから、私がやっておくよ。
너도 조심스러울 테니까 무리하지 마.	お前も、思い切りは出来ないだろうから、無理するなよ。
같이 벌어서 여유로울 테니까 이야기해 봐.	共働きで、余裕があるだろうから、話してみたら。
이번 아이가 넷째일 테니까 힘들겠다.	今度のお子さんが、4番目だろうから、きついだろうね。

使い方

動詞・形容詞＋있다 / 없다・이다語幹 ＋ ㄹ / 을 테니까

「ㄹ / 을 테니까」と「ㄹ / 을 거니까」

解説 「ㄹ / 을 거니까」は、完全な予定や弱い推量を、「ㄹ / 을 테니까」は、そういう手はずが整っていることを言う時に使います。

혼자 있으면 쓸쓸할 테니까 .	一人でいると淋しいだろうから。
혼자 있으면 쓸쓸할 거니까 .	一人でいると淋しいだろうから。

間違いなく淋しいはずだというのが、「쓸쓸할 테니까」です。「쓸쓸할 거니까」は、漠然として推量を言う表現です。

나 , 꼭 오빠한테 시집갈 테니까 .	私、絶対、～に嫁に行くから。
나 , 꼭 오빠한테 시집갈 거니까 .	私、絶対、～に嫁に行くから。

2 つのうち、恋を抱いている「오빠」と結婚したい意志を燃やしているのは、「시집갈 테니까」の方です。

「기에는」動詞・있다語幹＋するには

🔊 track 101

見分け方

「A ＋기에는＋ B」は、A を遂行するには、B のハードルがあると言う時に使います。

① 「기에는」➡「動詞・있다＋するには」

걸어서 가기에는 너무 먼 거리예요 .	歩いていくには、あまりにも遠い距離です。
우리 가족이 먹기에는 좀 부족하네요 .	うちの家族が食べるには、少し足りないですね。

명함이라고 하기에는 정보가 너무 없다 .	名刺というには、情報がなさすぎる。
신문에 싣기에는 신빙성이 떨어진다 .	新聞に載せるには、信ぴょう性が落ちる。

使い方

動詞・있다語幹 **+** 기에는

「기만 하면」動詞・있다語幹 **+** さえすれば

◀)) track 102

見分け方

「A ＋기만 하면＋ B」は、A をしさえすれば B が決まって起きると言う時に使います。

① 「기만 하면」➡「動詞・있다＋さえすれば」

우리 둘째 딸은 내 차를 타기만 하면 멀미를 한다 .	うちの次女は、僕の車に乗ったら、決まって車酔いをする。
혈압 수치가 내려가기만 하면 안정을 되찾을 수 있을 것으로 보인다 .	血圧の数値が、下がりさえすれば、安定を取り戻せると思われる。

使い方

動詞・있다語幹 **+** 기만 하면

「것으로」動詞・있다語幹＋ものと

◀)) track 103

見分け方

「A ＋것으로＋ B」は、A を既成の事実としてまとめ、それも基づき、B の結論を展開する時に使います。

---

① 「는 것으로」➡「動詞・있다 / 없다＋ものと」

조사 결과에 따르면 열 명 중 네 명이 혼자 관람을 즐기는 것으로 나타났다 .	調査結果によれば、10 名中 4 名が 1 人で観覧を楽しむものと現れた。
현대인들은 비교적 자주 통계 수치를 이용하는 것으로 나타났다 .	現代人は、比較的頻繁に統計数値を利用するものと現れた。

② 「ㄴ / 은 것으로」➡「動詞・形容詞・이다＋ものと」

그동안 빠짐없이 저작권료를 지불해 온 것으로 알고 있다 .	その間、欠かさず、著作権料を払ってきたものと認識している。
일반적으로 개와 고양이는 사이가 나쁜 것으로 알려져 있다 .	一般的に、犬と猫は、仲が悪いものと知られている。

③ 「던 것으로」➡「動詞・形容詞、있다 / 없다・이다＋ものと」

조사 결과 생산 과정에서 문제가 있었던 것으로 밝혀졌습니다 .	調査結果、生産過程で問題があったものと、明かされました。
점묘법은 19 세기 인상파 화가들이 점을 찍어 색을 표현하던 것으로 다양한 표현 기법 중의 하나이다 .	点描法は、19 世紀、印象派の画家たちが、点で色を表現していたもので、多様な表現技法の一つだ。

④「ㄹ / 을 것으로」→「動詞・形容詞・있다 / 없다・이다＋ものと」

새로운 가능성이 열릴 것으로 기대되고 있다 .	新しい可能性が開くものと期待されている。
이 제도가 실시되면 주민들에게 지역 특성에 맞는 다양한 서비스가 제공될 것으로 보인다 .	この制度が実施されれば、住民たちに、地域特性に合った、多様なサービスが提供されるものと思われる。

使い方

動詞・形容詞・있다 / 없다・이다語幹 ＋
「는 것으로」「ㄴ / 은 것으로」「던 것으로」「ㄹ / 을 것으로」

「아야 / 어야」
動詞・形容詞・있다 / 없다・이다＋しないと / て初めて ◀)) track 104

見分け方

「Ａ ＋아야 / 어야＋ Ｂ」は、Ａ の当為条件の下、Ｂ が成立すると言う時に使います。

① 「아야 / 어야」→「動詞・形容詞・있다 / 없다＋て初めて / しないと」

직접 부딪혀 봐야 배울 수 있는 것도 많다 .	直接当たってみて初めて、学べるものも多い。
마음이 맞아야 같이 일을 할 거 아닙니까 ?	気が合わないと、一緒に仕事なんか、できやしませんよ。

종업원이 친절해야 손님이 오는 거 아니에요?

従業員が親切じゃなきゃ、客は、来やしませんよ。

이 서비스는 해당 지역에 살고 있어야 이용할 수 있다.

このサービスは、該当の地域に住んで初めて、利用することが出来る。

보석은 흠집이나 불순물이 없어야 그 가치를 높게 인정받는다.

宝石は、傷や不純物がなくてこそ、その価値を高く認められる。

使い方

動詞・形容詞・있다 / 없다・이다語幹 ＋ 아야 / 어야

「아서 / 어서」
動詞・形容詞・있다 / 없다・이다＋て / ので / から   ◀)) track 105

見分け方

「A 아서 / 어서 B」は、A の流れの中で B が発生することを言う時に使うもので、A がないと B が発生しない因果表現の一つです。「て」「ので」「から」などの意味になりますが、意味的に似ている語尾が多数あり、使い方をしっかり理解しておく必要があります。学習のポイントを参考にして下さい。

① 「아서 / 어서」➡「動詞・形容詞・있다 / 없다・이다＋て」

늦어서 미안해요.

遅れてすみません。

같이 만들어서 먹어요.

一緒に作って食べましょう。

주말에 가서 도와 드릴게요.

週末に行ってお手伝いします。

길이 막혀서 늦었어요.	道が混んでいて、遅れました。
해외에 있는 문화재를 대여해서 전시를 하기도 한다.	海外にある文化財を貸与して、展示をしたりもする。

② 「아서 / 어서」➡「動詞・形容詞・있다 / 없다・이다＋ので」

몸이 안 좋아서 집에 있었어요.	体調がよくないので、家にいました。
우리 집에서 가까워서 좋아요.	家から近いので、いいです。
동물 보호에 관한 법이 서로 달라서 협조가 쉽지 않다.	動物保護に関する法律がお互いに違って、協力が簡単ではない。

③ 「아서 / 어서」➡「動詞・形容詞・있다 / 없다・이다＋から」

마음에 안 들어서 그만둔 거예요.	気に入らないから、辞めたのです。
푹 쉬어서 이제 괜찮아요.	ゆっくり休んだから、もう大丈夫です。
경치가 멋있어서 가끔 오죠.	景色が素晴らしいから、時々来ますね。

 「～니까 / 으니까」「～아서 / 어서」「～기 때문에」

 「A 니까 / 으니까 B」は、B の成立を、主観的かつ一方的な論理で説明する時に、「A 아서 / 어서 B」は、B の成立を、A の自然な流れの結果として説明する時に、「A 기 때문에 B」は、B の成立を、論理的理由で説明する時に使います。

늦었으니까 미안합니다.	(✗)	
늦어서 미안합니다.	(◯)	遅れてすみません。
늦었기 때문에 미안합니다.	(✗)	

「늦었으니까」は、遅れたことを、主観的かつ一方的な論理で乗り切ろうとする言い方になります。お詫びにはならないので、使いません。「늦어서」は、自然な流れの結果として、お詫びにつながっているので、使えます。「늦었기 때문에」は、遅れた理由を、理屈っぽく言っていることから、お詫びとしては、適切ではありません。

충분히 쉬었기 때문에 괜찮아요.	充分休んだので、大丈夫です。
충분히 쉬었으니까 괜찮아요.	充分休んだから、大丈夫です。
충분히 쉬어서 괜찮아요.	充分休んだので、大丈夫です。

「쉬었기 때문에」は、「괜찮아요」と判断する論理的理由を、「쉬었으니까」は、「괜찮아요」と判断する自己流の理屈を、「쉬어서」は、「괜찮아요」と判断する自然な理由を言う言い方なので、3つ全部使えます。

시간이 없기 때문에 끝내겠습니다.	時間がないので終わります。
시간이 없어서 끝내겠습니다.	時間がないので終わります。
시간이 없으니까 끝내겠습니다.	時間がないから終わります。

これが会議の場面だとしたら、終わらせる理由を論理的に伝える「시간이 없기 때문에」が最も適切です。「시간이 없으니까」は、終わらせる理由を、一方的な論理で片付けようとするので、強引に聞こえます。「시간이 없어서」は、それが自然な流れと言っているので、会議という場面からは、頼りない言い訳となります。

 「아서 / 어서」と「고」

 「아서 / 어서」は、Aの流れの中でBが発生していることを言いたい時に、「고」は、複数の出来事を並べて言いたい時に使います。

앉아서 하세요.　（〇）	座ってやって下さい。
앉고 하세요.　（✗）	

「하세요」は、「앉아서」という条件の中で成立するものです。したがって、「앉아서 하세요」が、使えます。「앉고 하세요」は、「앉다」と「하다」を並べているだけなので、成立しません。

백화점에 가서 사요 .　（**O**）　デパートへ行って買いましょう。

백화점에 가고 사요 .　（**✘**）

「백화점에 가고 사요」は、使えません。デパートと買うこととがつながらないからです。

약을 먹고 비행기를 탔습니다 .
　　　　　　　　　　（**O**）
약을 먹어서 비행기를 탔습니다 .
　　　　　　　　　　（**✘**）

薬を飲んで飛行機に乗りました。

「먹어서」が言えないのは、それが後ろの「비행기를 탔습니다」の原因にはならないからです。「아서 / 어서」は、前後に因果関係が成立する時に使うものです。連続性はあっても、因果の関係にない場合には、「약을 먹고」のように、「고」を使います。

使い方

動詞・形容詞・있다 / 없다・이다語幹 ＋ 아서 / 어서

「니까 / 으니까」
動詞・形容詞・있다 / 없다・이다 ＋ から / たら（一方的因果）　◀)) track 106

見分け方

「A 니까 / 으니까 B」は、B の成立の理由を、主観的かつ一方的な論理で説明する時に使います。

① 「니까 / 으니까」→「動詞＋たら」

밖에 나오니까 기분이 좋네요.	外に出たら、気持ちがいいですね。
알아 보니까 사실이 아니에요.	調べてみたら事実ではないんですよ。
서울에 도착하니까 12 시였습니다.	ソウルに着いたら 12 時でした。

② 「니까 / 으니까」→「動詞・形容詞・있다 / 없다・이다＋から」

애들 자니까 조용히 해요.	子供たち、寝ているから静かにして下さい。
집에서도 할 수 있으니까 좋아요.	家でも出来るからいいです。
싸니까 사죠?	安いから買いましょうよ。
재미없으니까 그냥 가요.	つまらないから、もう帰りましょう。

使い方

動詞・形容詞・있다 / 없다・이다語幹 ＋ 니까 / 으니까

「므로 / 으므로」動詞・形容詞・있다 / 없다・이다＋ため ◀) track 107

見分け方

　「A 므로 / 으므로 B」は、B の理由や根拠として、A が極めて高い論理性を有している時に使います。法律文や布告文、論文などによく使われます。

눈 밑 떨림의 원인은 단순 피로이므로 푹 쉬면 증상은 대부분 바로 없어진다.	目の下の震えの原因は、単純疲労のため、たっぷり休めば、症状は大部分すぐになくなる。
본 행위는 불법행위에 해당하므로 그로 인한 손해는 원고에 배상하여야 한다.	本行為は、不法行為に該当するため、それによる損害は、原告に賠償しなければならない。
이 경우 계약관계는 소급해서 소멸되므로 을은 갑에 대하여 계약을 유지할 의무가 없다.	この場合、契約関係は、遡って消滅するため、乙は甲に対して、契約を維持する義務がない。
이 역은 승강장과 열차 사이가 넓으므로 타고 내리실 때 조심하시기 바랍니다.	この駅は、ホームと列車の間が空いているため、乗り降りの際には、お気を付け下さい。

使い方

動詞・形容詞・있다 / 없다・이다語幹 ＋ 므로 / 으므로

「느라고」動詞・있다＋から（不可避の因果）

🔊 track 108

見分け方

「A느라고B」は、Bを引き起こしたAの出来事が、不可避だったことを言う。

① 「느라고」 ➡ 「動詞＋から」

교통사고 처리하고 오느라고 시간이 좀 걸렸어.	交通事故を処理してきたから、時間がちょっとかかったよ。
놀이 기구를 타고 노느라 문자 메시지 온·줄도 몰랐어요.	乗り物に乗って遊んでいたから、ショートメッセージが来たことも知りませんでした。
나는 옆 부서 일에 차출되느라 내 업무를 포기해야만 했다.	私は、隣の部署の仕事に駆り出されたから、自分の業務を諦めざるを得なかった。

使い方

動詞・있다語幹 ＋ 느라고

「다가」「다」
動詞・形容詞・있다 / 없다・이다 ＋ していて / しているうちに

🔊 track 109

聞こえ方

「A 다가 B」は、A の動きの進行中に B の動きに移り変わっていくことを言う時に使います。

① 「다가」 ➡ 「動詞・있다＋していて」

| 배가 고파서 빵을 훔치다가 잡힌 케이스이다. | お腹が空いてパンを盗んでいて、捕まったケースだ。 |

우주선에서는 음식의 국물이나 가루가 떠다니다 기계에 고장을 일으키기도 한다 .	宇宙船では、食べ物の汁や粉が浮遊していて、機械に故障を起こしたりもする。
병원으로 급하게 가다가 그만 앞차와 부딪쳐 사고를 냈다 .	病院に急いで向かっていて、つい前の車とぶつかり、事故になった。
최근 구매를 망설이다가 포기하는 고객들이 늘어나고 있다 .	最近購買をためらっているうちに、諦める客が増えている。
한참을 있다가 다시 가 보니 이미 그곳에는 아무도 없었다 .	しばらく経ってから再び行ってみたら、既にそこには、誰もいなかった。

 「다가」 と 「는 도중에」

 「다가」 は、A をしているうちに B になると言う時に、「는 도중에」 は、文字通り、A をやっている途中で B をすると言う時に使います。

서울 가다가 / 가는 도중에 친구 만났어요 .	ソウルに（行く途中で / 行く途中で）友達に会いました。

「서울 가다가」 は、ソウルに向かっている時に、たまたま、友達に会ったという意味で、「서울 가는 도중에」 は、そもそもが、ソウルに行く途中友達に会うことになっていたという意味です。

오다가 / 오는 도중에 먹고 왔는데 .	ここに（来る途中で / 来る途中で）食べてきたんだけど。

「오다가 먹다」 は、こちらに向かってくる時に食べることもやったという意味で、「오는 도중에」 は、たまたまという気持ちはなく、途中で食べてきたという意味です。

졸면서 운전하다가 사고날 뻔했어 . 　居眠りしながら運転していて、事故を起
　　　　　　　　　　　　　（ **〇** ）　こすところだった。

졸면서 운전하는 도중에 사고날

뻔했어 . 　　　　　　　　　（ **✗** ）

「운전하다가」は、たまたま、事故を起こしそうになったという意味なので、成立します。
「운전하는 도중에」は、最初から居眠りが前提になっているため、変な言い方になります。

使 い 方

動詞・形容詞・있다 / 없다・이다語幹 **＋** 다가 / 다

「았다가 / 었다가」
動詞・形容詞・있다 / 없다・이다 **＋** したら

◀)) track 110

見分け方

「A 았다가 / 었다가 B」は、A を展開した結果、B に遭遇し、結局 B になってしまった
と言う時に使います。

① 「았다가 / 었다가」➡「動詞・있다 / 없다＋したら」

지난번에도 묶음으로 샀다가 다 못　前回も束で買ったら、食べ切れずに捨て
먹고 버렸잖아 .　　　　　　　　　たじゃない。

내비게이션도 없이 낯선 곳에 갔다가　ナビもなしに不慣れなところに行った
길을 못 찾아 헤멘 적이 있다 .　　　ら、道が見つからず、迷ったことがある。

「다가」 と 「았다가 / 었다가」

 「다가」 は、「A の事柄が進行中に B」 と言う時に、「았다가 / 었다가」 は、「A が終わったらそこで B」 と言う時に使います。

서울 가다가 / 갔다가 친구 만났어요 . ソウルに（行く途中で / 行ったら）友達に会いました。

「서울 가다가」 は、ソウルに向かっていく途中で友達に会ったという意味で、「서울 갔다가」 は、ソウルに行って、たまたまそこで友達に会ったという意味です。

오다가 먹고 왔는데 . （〇）　　　途中で食べてきたんだけど。

왔다가 먹고 왔는데 . （✕）

「왔다가 먹다」 は、来ることを一度完結しなければいけないので、使えません。

졸면서 운전하다가 큰일날 뻔했어 . 居眠りしながら運転していて、大ごとになるところだった。

졸면서 운전했다가 큰일날 뻔했어 . 居眠りしながら運転したら、大ごとになるところだった。

「운전하다가」 は、居眠りをしながら運転して事故を起こしそうになったという意味で、「운전했다가」 は、居眠りしたら、その結果として事故を起こしそうになったという意味です。

 「았다가 / 었다가」 と 「아서 / 어서」

 「았다가 / 었다가」 は、A を展開した結果、たまたま、そこで B になったと言う時に、「아서 / 어서」 は、A をしてその流れで B と言う時に使います。

서울 가서 / 갔다가 친구를 만났어요 . ソウルに（行って / 行ったら）友達に会いました。

「서울 갔다가」は、ソウルに行って、たまたま、そこで友達に会ったという意味で、「서울 가서」は、ソウルに行って、その流れで友達に会ったという意味です。

빈속에 술 먹었다가 / 먹어서 혼났다. 空腹でお酒を（飲んで / ✕）酷い目に遭った。

　これは、空腹に飲んで思いがけず、酷いことを招いたという意味なので、「빈 속에 술 먹었다가」を使います。「먹어서」は、自然な流れで酷いことになったという意味になるので言えません。

使い方

動詞・있다 / 없다語幹 ＋ 았다가 / 었다가

「더니」
動詞・形容詞・있다 / 없다・이다 ＋ と思っていたら

◀)) track 111

見分け方

　「A 더니 B」は、A の過去の行動または状態を見ていると、それを受けて B が立て続けに発生することを確認したと言う時に使います。

---

① 「더니」➡「動詞 ＋ なと思ったら」

갑자기 경련을 일으키더니 그 자리에 쓰러졌다 .	急に痙攣を起こすなと思っていたら、その場に倒れた。
요사이 높은 사람들만 만나더니 우리 같은 사람들은 안중에 없는 듯하다 .	最近お偉い人とばかり会っているなと思ったら、われわれみたいな人は、眼中にもないようだ。

| 종이를 꺼내 서둘러 몇 자 적더니 그것을 던지며 빨리 갖다 주라 한다 . | 紙を取り出し、急いで何文字か書いたら、それを投げながら、早く届けろと言う。 |
| 오랜만에 운동을 심하게 했더니 온몸이 안 쑤시는 데가 없다 . | 久々に運動を激しくやっていたら、体全身痛くないところがない。 |

使い方

動詞・形容詞・있다 / 없다・이다語幹 **+** 더니

「더라도」 動詞・形容詞・있다 / 없다・이다 **+** としても   ◀)) track 112

見分け方

「A 더라도 B」は、A の出来事に対し、仮にそうだとしても、確実に B の出来事になると言う時に使います。

---

① 「더라도」 ➡ 「動詞・形容詞・있다 / 없다・이다 **+** としても」

| 어떤 위기 상황이 발생하더라도 신속하게 대처할 수 있어야 한다 . | どんな危機的状況が発生したとしても、迅速に対処できるようにしなければならない。 |
| 무료함은 처음에는 별것 아니더라도 심해지면 우울증으로까지 발전한다 . | 退屈は、最初は大したことがないとしても、酷くなれば、うつ病にまで発展する。 |

설사 경제적 여유가 없더라도 최소한의 존엄만 지킬 수 있다면 별 문제는 없다 .	例え、経済的余裕がなかったとしても、最小限の尊厳さえ守られれば、別に問題はない。

使い方

動詞・形容詞・있다 / 없다・이다語幹 + 더라도

「자」「자마자」動詞＋たらすぐに、動詞＋や否や　　◀)) track 113

見分け方

「A 자 B」は、A の動きの終了と同時に、B のことが立て続けに起きることを言う時に使います。「자마자」は、B の同時性をさらに強調して言う時に使います。

① 「자」➡「動詞＋たらすぐに」

천천히 상황을 설명하자 그제서야 차분하게 이야기를 듣기 시작했다 .	丁寧に状況を説明したら、やっと、落ち着いて話を聞き始めた。
경찰이 뒤를 쫓아가자 돌연 칼을 빼어 들고 저항을 시작하였다 .	警察が後を追っかけたら、突然包丁を取り出して、抵抗を始めた。
까마귀 날자 배 떨어진다더니 딱 그런 상황이네 .	李下に冠を正さずと言うけど、正に、そんな状況だね。
국회의원 선거에 출마한다고 선언하자 다양한 반응이 나타났다 .	国会議員選挙に出馬すると宣言したら、すぐさま、いろんな反応が出てきた。

② 「자마자」→「動詞＋するや否や」

음식이 상해 있었는지 먹자마자 다 토해 버렸다.	食べ物が傷んでいたのか、食べるや否や全部吐いてしまった。
어머니는 내 얼굴을 보자마자 참았던 울음을 터뜨리셨다.	お母さんは、私の顔を見るや否やこらえ切れず、泣き出した。
자리를 늘리자마자 사람들이 몰리는 것을 보면 늘리기를 잘했다는 생각이 든다.	席を増やすや否や客が押しかけてくるのを見ると、増やしてよかったなと思う。

使い方

動詞語幹 ＋ 자 / 자마자

「고 나서」動詞・있다＋してから

見分け方

「A고 나서B」は、Aを実行してから一呼吸し、Bの出来事に移行することを表す時に使います。

① 「고 나서」→「動詞・있다＋してから」

그런데 그 가족을 보내고 나서 거스름돈을 주지 않은 것을 알았다.	ところが、その家族を送ってから、おつりを渡していないことを知った。

진심도 없이 건성으로 사과하고 나
서 그것으로 됐다니 정말 뻔뻔한
사람이다 .

気持ちも籠っておらず、上の空で謝って
から、それでいいとは、誠に厚かましい
人だ。

使い方

動詞・있다語幹 **+** 고 나서

「다 / 다가 보니」「다 / 다가 보면」
動詞・形容詞・있다 / 없다・이다 **+** していると

🔊) track 115

見分け方

「A다가 보니 / 보면B」は、A をしていてふと B に新たに気がついたと言う時に使います。

① 「다가 보니 / 보면」 ➡ 「動詞・있다 / 없다 **+** していると」

잘하는 사람 쫓아가다 보면 너도
잘할 수 있어 .

上手い人の後を追いかけていれば、お前
も上達するよ。

저녁상을 차리다 보니 옆에 있었던
아이가 눈에 안 보였다 .

夕飯の支度をしていたら、隣にいた子供
が目に見えなかった。

의뢰인 주변을 조사하다 보니 의외의
사실이 드러났다 .

依頼人の周辺を調査していたら、意外な
事実が判明した。

디지털 기기에만 의존하다 보면 스스로 정보를 찾는 능력이 줄어들 수도 있다.

デジタル機器にばかり頼っていると、自ら情報を見つける能力が減ることもある。

② 「다가 보니 / 보면」 ➡ 「形容詞・이다＋こともあって」

가방의 소재가 특이하다 보니 자연스럽게 관심을 끌더라고요.

カバンの素材がユニークということもあって、自然に関心を引けましたよ。

날씨가 너무 차다 보니 자연히 몸을 웅크리게 된다.

天気が冷たすぎることもあって、自然に体がうずくまるようになる。

아버지가 감독이다 보니 아무래도 신경이 더 쓰인다.

父親が監督ということもあって、どうも余計に気を使うようになる。

使い方

動詞・形容詞・있다 / 없다・이다語幹 ＋ 다가 보니 / 보면

「던데」
動詞・形容詞・있다 / 없다・이다 ＋たけど」（前置き） 🔊 track 116

見分け方

過去のある時に経験して知ったことを思い返し、それを前置きとして、後続の話につなげる時に使います。後続の話を省き、そのまま「던데」で閉じることもあります。

① 「던데」 ➡ 「動詞・形容詞・있다 / 없다・이다＋けど」

요즘은 인터넷에 영상도 많이 뜨던데 .	最近は、インターネットに動画も結構上がっていたけど。
아까 보니까 사람을 함부로 대하던데 그러면 안 되지 .	さっき見たら、人に偉そうにしていたけど、そんなことしちゃだめよ。
애들이 너 찾으러 다니던데 만났어 ?	あの子たちが、お前を探し回っていたけど、会ったの？
다들 이 논문을 많이 참조하던데 .	皆、この論文を結構参照していたけど。
전기요금 청구서던데 .	電気料金の請求書だったけど。
다음 주까지가 수강 신청이던데 했어 ?	来週までが、履修登録期間だったけど、履修登録した？
그쪽 상대방 , 악의적인 의도가 아니던데 정말 그래 ?	あっち側の相手、悪意的な意図じゃなかったけど、本当にそうなの？

使い方

動詞・形容詞・있다 / 없다・이다語幹 ＋ 던데

「는데」「ㄴ데 / 은데」
動詞・形容詞・있다 / 없다・이다 ＋ けど / のに / 時（前置き）

🔊 track 117

見分け方

「A는데 B」「A ㄴ데 / 은데 B」は、A が B の前置きであることを言う時に使います。後半の B を省略し、A だけで文を閉じる言い方もあります。その場合、B の内容を解釈するのは、相手となります。前置きには、対立、時間、話題の転換などがあります。

---

① 「는데」➡「動詞・있다 / 없다 ＋ けど / のに / 時に」

그냥 내리려는데 옆에 있는 아주머니가 대신 요금을 내 주셨다.	そのまま降りようとしている時、隣にいたおばさんが、代わりに料金を払ってくれた。
특별한 사건 없이 소소한 일상을 다루는데도 인기를 끄는 드라마가 있다.	特別な事件もなく、ささいな日常を扱うのに、人気を呼ぶドラマがある。
명동 한복판에서 나를 보자마자 대뜸 꽉 끌어안는데 약간 당황스러웠다.	明洞のど真ん中で、私を見るや否や、ぎゅっと抱き着いてきたので、少し慌てた。
지금 돈 한 푼도 없는데 저보고 식사비를 내라고요?	今、お金、一銭もないのに、僕に食事代を出せって言うのですか？

② 「ㄴ데 / 은데」➡「形容詞・이다 ＋ けど / のに」

식감이 아주 특이한데 의외로 맛있습니다.	食感がとても独特なのに、意外に美味しいです。
육아휴가? 너무 갑작스러운데? 그동안 연차 사용도 거의 없었잖아.	育児休暇？ 突然すぎるね？ 今まで年次休暇もほとんど使っていなかったじゃない。

날 그 정도로밖에 생각 안 했단
말이야 ? 이거 너무 섭섭한데 ?

俺を、その程度にしか考えていなかった
というの？　これは、ちょっと寂しすぎ
るけど。

우리 며느리는 성격은 차분한데 좀
날카로운 면이 있어요 .

うちの嫁さんは、性格は落ち着いている
んだけど、少し鋭いところがあるんです
よ。

使い方

動詞・있다 / 없다語幹 ＋ 는데
形容詞・이다語幹 ＋ ㄴ / 은데

「는지」「ㄴ / 은지」「ㄹ / 을지」
動詞・形容詞・있다 / 없다・이다 ＋ のか

◀)) track 118

見分け方

「A 지 B」は、A について漠然とした疑問を抱いたまま、その疑問を B の出来事に関
連付けて言う時に使います。

① 「는지」 ➡ 「動詞・있다 / 없다 ＋ のか」

안에 없는지 대답을 안 하네요 .

中にいないのか、返事をしませんね。

고기가 맛있는지 잘 먹어요 .

肉が美味しいのか、よく食べます。

왜 이 글을 썼는지 이유를 말해
보세요 .

なぜ、この文章を書いたのか、理由を
言ってみて下さい。

왜 가야 되는지 모르겠어요 .

なぜ、行かなければならないのか、分か
りません。

② 「ㄴ / 은지」 → 「形容詞・이다＋のか」

어떻게 하는 게 옳은 건지 잘 모르겠다 .	どうするのが正しいことなのか、よく分からない。
찌개가 정말 매운지 한번 먹어보고 싶어요 .	チゲが本当に辛いのか、一度食べてみたいです。
무엇이 그리 슬픈지 엉엉 울더라고요 .	何がそんなに悲しいのか、わんわん泣いていましたよ。
손이 얼마나 부드러운지 남자 손 같지 않아 .	手がいかに柔らかいことか、男の手じゃないみたい。

③ 「ㄹ / 을지」 → 「動詞・形容詞・있다 / 없다・이다＋のか」

어떤 이벤트가 좋을지 한번 생각해 보자 .	どんなイベントがいいのか、一度考えてみようよ。
우리를 어떤 얼굴로 맞이할지 궁금하네요 .	私たちを、どんな顔で迎えるのか、とても気になりますね。
울며불며 매달리지는 않을지 걱정이야 .	泣き泣きすがりつきやしまいか、心配だよ。
내일은 또 나일지 사람이 그걸 어떻게 알겠어 .	明日は、またわが身か、人にそれがどう知り得ようかね。

 「~지」と「~가」

 「지」は、漠然とした疑問を抱いている時に、「가」は、疑問を要するくらいの出来事なのか、質問する時に使います。

매운탕 맛있는지 먹어 봐야겠다 . （○）

メウンタン（辛味の魚鍋）美味しいのか、食べてみる。

매운탕 맛있는가 먹어 봐야겠다 . （○）

「맛있는지」は、メウンタンの味についての未知数の部分を言う時に使います。「맛있는가」は、美味しさを語らせるまでの何かがあるのかを確認する時に使います。

그 사람 뭐 하는지 알아 ？ （○）

その人、何をしているのか、知ってる？

그 사람 뭐 하는가 알아 ？ （✗）

何をしている人なのか、はっきりしない状態なので、「하는지」が似合います。「하는가」は、単純に疑問をぶつける質問には、あまり似合いません。

값이 너무 비싼지 했어요 . （✗）

값이 너무 비싼가 했어요 . （○）　値段が高いかなと思いました。

値段のことを少し考え込んでいたという意味なので、「비싼가」が似合います。そういう含みがない「값이 너무 비싼지 아무도 안 사요（値段が高すぎるのか、誰も買いません）」だったら、「비싼지」も言えるようになります。

似たような言い方の「맛있나」「뭐 하나」も、意味合いは違いますが、言えます。

使い方

動詞・있다 / 없다語幹 ＋ 는지
形容詞・이다語幹 ＋ ㄴ / 은지
動詞・形容詞・있다 / 없다・이다語幹 ＋ ㄹ / 을지

「ㄴ / 은지 ～되다」動詞＋してから～経つ

見分け方

「Ａ ㄴ / 은지 Ｂ 되다」は、Ａが完結してからＢの時間が経っていることを言う時に使います。

① 「ㄴ / 은지 되다」→「動詞＋してから～経つ」

자동차 산지 얼마 되지도 않았는데 또 부딪쳤다고 ?	車買ってからいくらも経っていないのに、またぶつけたって？
전문가를 불러 악취를 제거한지 반년도 안 지났는데 또 심한 냄새가 난다 .	専門家を呼んで、悪臭を除去して半年も経っていないのに、またひどい臭いがする。

使い方

動詞語幹 ＋ ㄴ / 은지～되다

「ㄹ / 을수록 하다」
動詞・形容詞・있다 / 없다・이다＋するほど

見分け方

「Ａ ㄹ수록 / 을수록 Ｂ」は、Ａの程度が増していくことが、Ｂの程度の条件となると言う時に使います。

① 「ㄹ수록 / 을수록」 → 「動詞・形容詞・있다 / 없다・이다＋するほど」

요리사는 솜씨가 좋을수록 좋은 대우를 받아야 한다 .	料理人は、腕がいいほど、いい待遇を受けなければいけない。
올해 경제성장은 갈수록 향상될 것으로 보인다 .	今年の経済成長は、後半に行くほど、上向くものと思われる。
식당이 붐빌수록 종업원들도 바빠지기 마련이다 .	食堂が混むほど、従業員も忙しくなるものだ。
바쁠수록 돌아가라는 말이 있다 .	急がば回れという言葉がある。
미래가 불확실할수록 과감하게 투자를 해야 한다 .	未来が不確実であるほど、果敢に投資しなければならない。

② 「면 / 으면＋ㄹ수록 / 을수록」 → 「～すれば～するほど」

비싸면 비쌀수록 잘 팔린다네요 .	高ければ高いほど、よく売れるそうです。
때를 밀면 밀수록 피부에 좋다는 이야기가 있다 .	垢すりは、すればするほど、肌にいいという話がある。
모이면 모일수록 시끄럽다는 소문은 사실이 아니다 .	集まれば集まるほど、騒がしいという噂は、事実ではない。
겨울 보리밭은 밟으면 밟을수록 강한 생명력을 얻는다 .	冬の麦畑は、踏めば踏むほど、強い生命力を得る。

使い方

動詞・形容詞・있다 / 없다・이다語幹 ＋ ㄹ수록 / 을수록

「ㄹ / 을 정도」
動詞・形容詞・있다 / 없다・이다 ＋ するくらい

見分け方

「Aㄹ / 을 정도로B」は、Aの程度がBの判断にちょうど見合うものであることを言う時に使います。

---

① 「ㄹ / 을 정도」→「するくらい」

바닷물에 뜰 정도로 아주 가볍다.	海水に浮かぶくらいに、とても軽い。
자신의 행위가 상대방에게 고통을 줄 정도였다면 그에 대한 책임을 지는 것이 맞다.	自分の行為が、相手に苦痛を与えるほどだったならば、それに対する責任を負うのが正しい。

使い方

動詞・形容詞・있다 / 없다語幹 ＋ ㄹ / 을 정도

「며 / 으며」動詞・形容詞・있다 / 없다・이다 ＋ ながら

🔊 track 122

見分け方

「A며 / 으며B」は、AとBが同時進行・同時状態、または、Aの成立を受けてBがほぼ同時に引き起こされることを言う時に使います。「면서 / 으면서」とほぼ同じ意味ですが、「면서 / 으면서」は、わがこと表現に、「며 / 으며」は、ひとごと表現に馴染みます。

198

① 「며 / 으며」→「動詞・있다 / 없다・이다＋ながら」

상대의 주장을 인정하며 다른 의견을 말하고 있다 .	相手の主張を認めながらも、違った意見を言っている。
세균이 온몸을 돌아다니며 다른 기관에 악영향을 끼치기도 한다 .	細菌が全身を回りながら、他の器官に悪影響を及ぼしたりする。
새끼 상어는 이 알들을 찾아다니며 먹는다 .	子ザメは、この卵を探し回りながら、食べる。
여기서 여러분은 학업과 현장 실습을 병행하며 전문성을 키워 나갈 것입니다 .	ここで、皆さんは、学業と現場実習を並行しながら、専門性を育んでいきます。

使い方

動詞・形容詞・있다 / 없다・이다語幹 ＋ 며 / 으며

「면서 / 으면서」 動詞・形容詞・있다 / 없다・이다＋ながら 🔊 track 123

見分け方

「A 면서 / 으면서 B」は、A と B が同時進行・同時状態、または、A の成立を受けて B がほぼ同時に引き起こされることを言う時に使います。

① 「면서 / 으면서」→「動詞・있다 / 없다・이다＋ながら」

아이를 키우면서 공부합니다 .	子供を育てながら勉強します。

돈도 없으면서 명품을 삽니다 .	お金もないのにブランド品を買います。
속이 단단하면서 두꺼워야 한다 .	中が硬く、太くないといけない。
다행이다 싶으면서 괘씸한 생각이 들었다 .	よかったと思いながらも腹立たしい思いがした。

② 「면서 / 으면서」 → 「動詞・있다 / 없다・이다＋て」

대형 사고가 일어나면서 근처 교통이 완전히 마비되었다 .	大型事故が起きて、近くの交番が完全に麻痺した。
열차가 고장으로 갑자기 멈추면서 승객들이 큰 불편을 겪었다 .	列車が故障でいきなり止まり、乗客が大きな不便を強いられた。

使い方

動詞・形容詞・있다 / 없다・이다語幹 ＋ 면서 / 으면서

「려면 / 으려면」 動詞・있다＋するには / したければ　　◀)) track 124

見分け方

「A ＋려면 / 으려면 B」は、A を意図や意欲を持って事実として実現しようと思ったら B を行うと言う時に使います。

① 「려면 / 으려면」 → 「動詞・있다＋するには / しようと思ったら」

기차 타려면 서둘러야 할 거야 .	列車に乗ろうと思ったら、急がないとだめだと思うよ。

앱 서비스를 개발하려면 뭐가 필요한가요?	アプリサービスを開発するには、何が必要なのですか?
어른들 실망시켜 드리지 않으려면 두 번 다시 그런 짓 하지 마.	両親やご親類の方たちを失望させたくなかったら、二度とそんな真似はするなよ。
신앙을 제대로 지키려면 많은 인내가 필요하다.	信仰をまともに守ろうと思ったら、たくさんの忍耐が必要だ。

使い方

動詞・있다語幹 + 려면 / 으려면

「러 / 으러 가다 / 오다」 動詞 + しにいく / くる (目的)　◀)) track 125

見分け方

「A러 / 으러B」は、B の動く目的が、A にあることを言いたい時に使います。

① 「러 / 으러」➡「動詞 + しに」

돈을 찾으러 은행에 가요.	お金を下ろしに銀行に行きます。
택배를 보내러 우체국에 가요.	宅配を送りに郵便局に行きます。
일을 도와 주러 왔어요.	仕事を手伝いに来ました。
한 잔 하러 가요.	一杯飲みに行きましょう。

「러 / 으러」「려고 / 으려고」「기 위해서 / 위하여」

 「러 / 으러」는、行ったり来たりする目的を言う時に、「려고 / 으려고」は、あることをする意図や意欲を言う時に、「기 위해서 / 위하여」は、ある目的を成し遂げようとする目的を言う時に使います。

야구 보러 안 갈래요 ?	（O）	野球、見に行きませんか？
야구 보려고 안 갈래요 ?	（✕）	
야구 보기 위해서 안 갈래요 ?（✕）		

「안 갈래요 ?」と相手を誘っているのは、野球を見るためなので、「야구 보러」が言えます。「야구 보려고」は、「（相手が）野球を見ようとしていて」という意味に、「야구 보기 위해서」は、「（相手が）野球を見る目的を成し遂げようと」という意味になることから、「안 갈래요 ?」とかみ合わず、使えません。

야구 보러 왔어요 ?	（O）	野球、見に来たのですか？
야구 보려고 왔어요 ?	（O）	野球、見ようと思って来たのですか？
야구 보기 위해서 왔어요 ?	（O）	野球、見るために来たのですか？

「야구 보러」は、来た目的が野球かという質問で、「야구 보려고」は、ここに来た意図が、野球を見るためかという質問、「야구 보기 위해서」は、ここに来たのは、野球を見る目的を成し遂げるためかという質問なので、3つ全部成立します。

使い方

動詞語幹 + 러 / 으러 가다 / 오다

「거나」動詞・形容詞・있다 / 없다・이다＋したり ◀)) track 126

見分け方

複数の中のどれを選択しても違いはないと言う時に使います。

① 「거나」→「動詞・形容詞・있다 / 없다・이다＋たり」

통나무를 타거나 개울에서 물놀이를 하기도 합니다 .	丸太に乗ったり、小川で水遊びをしたりします。
더 이상 가해자의 처벌이 미뤄지거나 하는 일이 없어야겠습니다 .	これ以上、加害者の処罰が延ばされたりすることが、あってはなりません。
누가 오거나 하면 말하세요 .	誰か来たりしたら、言って下さい。
책을 읽거나 음악을 들으면서 지냅니다 .	本を読んだり音楽を聴いたりしながら過ごしています。

使い方

動詞・形容詞・있다 / 없다・이다語幹 ＋ 거나

「거든」動詞・形容詞・있다 / 없다・이다＋したりしたら ◀)) track 127

見分け方

「Ａ＋거든＋Ｂ」は、Ａの予知出来ない事実が本当に実現したら、Ｂにすぐさま移行すると言う時に使います。その予知出来ない事実を、自分の経験にし、相手に語る時には、「거든」で文を閉じる形を取ります。

① 「거든」→「動詞・形容詞・있다 / 없다・이다＋たりしたら」

그 분 만나시거든 꼭 제 인사 말씀 전해 주세요 .	その方に会ったりしたら、ぜひ私の挨拶をよろしくお伝え下さい。
누가 절 찾거든 제게 바로 연락 부탁 드립니다 .	誰かが、私を尋ねてきたりしたら、私にすぐ連絡お願いします。

② 「거든」→「動詞・形容詞・있다 / 없다・이다＋なのね」

우리 방송 청취자들은 다 보통 분들이시거든요 .	この放送のリスナーたちは、皆普通の方たちなんですよ。
꽃을 한번 키워 보려고 산 화분이거든요 .	花を一度、育ててみようと思って、買った鉢なんですね。
난 예쁜 것 보다 관리하기 쉬운 식물이 좋거든 .	俺は、きれいなものより、管理しやすい植物がいいのね。
갑자기 일이 생겨서 그걸 해결하느라고 시간이 걸렸거든 .	急に用事が出来て、それを解決しようとしたから、時間がかかったのね。

使い方

動詞・形容詞・있다 / 없다・이다語幹 ＋ 거든

「거든」 と 「면 / 으면」

解説 「거든」 は、「予知できない事実が本当に実現すれば」 と言う時に、「면 / 으면」 は、単純に仮定条件を言う時に使います。

네가 가거든 나도 가지 . （**✖**）

네가 가면 나도 가지 .　　（**◯**）　　　あなたが行けば、俺も行くよ。

　これは、100 ％仮定の話なので、「가거든」のように、予知出来ない事実を仮定する言い方は言えません。

어떻게 할지는 당첨되거든 생각하　　どうするかは、当選したら、考えよう。
자 .　　　　　　　　　　　（**◯**）

어떻게 할지는 당첨되면 생각하자 .　どうするかは、当選したら、考えよう。
　　　　　　　　　　　　　（**◯**）

　「당첨되거든」は、「今は分からないのだから、それが実現すれば」の気持ちを持っている時の言い方で、「당첨되면」は、単純に 100 ％仮定の気持ちを持っている時の言い方です。

「든」「든지」名詞＋なり、動詞＋なり

🔊 track 128

見分け方

　どれを選択しても違いのない 2 つ以上の出来事を並べて言う時に使います。「든」は、「든지」の縮約形です。

① 「든 / 든지」➡「名詞＋なりと」

회의든 토론이든 뭘 좀 하고나서　　会議なり、話し合いなり、何かしてから、
결정합시다 .　　　　　　　　　　　決めましょうよ。

그게 어떤 평가든 존중하겠습니다 .　それがどんな評価なりと、尊重します。

봄이든지 가을이든지 한번　　　　　春なり秋なり、一回行ってきます。
다녀와야겠어요 .

원하시는 경우 언제든 교환해 드리도록 하겠습니다 .	ご希望の場合、いつでも、交換致します。

② 「든 / 든지」 ➡ 「動詞＋なり」

임기를 보장하든지 퇴직금을 올려 주든지 해야지요 .	任期を保証するなり、退職金を上げてくれるなり、しないといけないんじゃないですか。
정식으로 허락을 받든지 하고 오세요 .	正式に許可を取るなりしてから、来て下さい。
협조를 요청하든지 아니면 포기하든지 결정을 빨리 해야한다 .	協力を要請するなり、じゃなければ、諦めるなり、早く決定しなければいけない。

使い方

名詞 ＋ 든 / 든지
動詞・形容詞・있다 / 없다・이다語幹 ＋ 든 / 든지

 「거나」 と 「든지」

 「거나」 と 「든지」 は、意味的にほぼ同じですが、「든지」 は、マイナスイメージの時に使うことがあります。

이거 잘 씻든지 해야 쓸 거 아냐 ? (○)	これ、きちんと洗うなりしないと、使えないだろうが。
이거 잘 씻거나 해야 쓸 거 아냐 ? (✕)	

　これは、ものがきちんと洗われていないことを怒る内容なので、マイナスイメージに馴染む 「잘 씻든지」 が似合います。

이곳에서는 술을 마시든지 담배를
피울 수 없다 . （✖）

이곳에서는 술을 마시거나 담배를
피울 수 없다 . （〇）

ここでは、お酒を飲んだり、タバコを吸
うことが出来ない。

　お酒を飲むこと自体が悪いわけではありませんので、「술을 마시든지」は、使いにくい
表現となります。

 「든」「더라도」「아 / 어도」

 「든」は、「複数の選択肢の中でどんなものでも」の意味を、「더라도」は、話し手の強い
仮定や譲歩の気持ちを、「아 / 어도」は、話し手の普通の仮定や譲歩の気持ちを、それぞ
れ表します。

무슨 일이든 한다고 그랬잖아요 .
（〇）

どんな仕事でもやると言ったじゃない
ですか。

무슨 일이더라도 한다고 그랬잖아요 .
（✖）

무슨 일이어도 한다고 그랬잖아요 .
（✖）

選択肢に制限があってはいけない趣旨の内容なので、「무슨 일이든」だけが言えます。

제가 불합격되든 너무 실망하지 마
세요 . （✖）

제가 불합격되더라도 너무 실망하
지 마세요 . （〇）

私が不合格になったとしても、あまり
がっかりしないで下さい。

제가 불합격돼도 너무 실망하지 마
세요 . （△）

不合格という残念な出来事を仮定する内容なので、「더라도」のように、強い仮定の意味を含む表現が、最も似合います。

「든 / 말든」「든지 / 말든지」 動詞＋しようがしまいが ◀)) track 129

見分け方

肯定と不定、2つを並べ、どちらを選んでも違いがないことを言う時に使います。肯定的な事柄にはあまり使いません。

---

① 「든 / 말든・든지 / 말든지」➡「動詞＋しようがしまいが」

화해하든지 말든지 난 이제 몰라 .	和解しようがしまいが、私はもう知らないよ。
직장에서 쫓겨나든 말든 네 일이니까 알아서 하거라 .	会社から追い出されようがされまいが、自分のことなんだから、好きにすれば。
남이 잘살든 말든 너하고 무슨 상관이니 ?	人が豊かに暮らそうが暮らすまいが、お前と何の関係があるの？

使い方

名詞 **+** 든 / 든지
動詞語幹 **+** 든 / 든지

「에 따라」「을 / 를 따라」
名詞＋によって / にしたがって / に沿って / に連れて

🔊 track 130

名詞につけて、「によって」「にしたがって」「に沿って」「に連れて」と言う時に使います。

---

① 「에 따라」 ➡ 「名詞＋によって」

연령에 따라 대책도 달라져야 한다 .	年齢によって、対策も違わなければいけない。
어떤 직업을 선택하는가에 따라 달라집니다 .	どんな職業を選択するかによって、異なります。
경제 발전에 따라 기업간 경쟁도 치열해지고 있다 .	経済発展により、企業間の競争もし烈を極めている。

② 「에 따라」 ➡ 「名詞＋にしたがって」

자기 입맛에 따라 골라 먹을 수 있어서 좋다 .	自分の好みにしたがって、選んで食べられるからいい。
고객 취향을 따라 분위기를 바꿔 봤습니다 .	お客様の趣向にしたがって、雰囲気を変えてみました。
병이 생긴 원인에 따라 약을 처방합니다 .	病が発生した原因にしたがって、薬を処方します。

③ 「을 / 를 따라」 ➡ 「名詞＋に沿って」

이 길을 따라 가다 보면 사거리가 나올 거예요 .	この道に沿って走っていくと、交差点が出てきます。

강을 따라 달리는 자전거 전용도로입니다 .	川に沿って走る自転車専用道路です。

④ 「에 따라」 ➡ 「名詞＋に連れて」

대회가 다가옴에 따라 긴장이 고조되고 있다 .	大会が近づくに連れ、緊張が高まっている。
고도가 올라감에 따라 기온이 내려간다 .	高度が上がるに連れて、気温が下がる。

使い方

名詞 ＋ 에 따라・을 / 를 따라

「을 / 를 위해」 「을 / 를 위하여」 「을 / 를 위한」
名詞＋ために

🔊 track 131

見分け方

名詞につけ、「のために」と言う時に使います。

① 「을 / 를 위해 / 위하여」 ➡ 「名詞＋ために」

나무의 치료를 위해 땅을 조사한다 .	木の治療のために、土を調査する。
진정한 평등을 위하여 불평등을 끝내야 할 때이다 .	真の平等のために、不平等を終わらせなければならない時だ。
심장병이나 치매 예방을 위해서 잇몸관리가 필요하다 .	心臓病やボケ予防のために、歯茎の管理が必要だ。

名詞 **＋** 을 / 를 위해 / 위하여

「에 비해」「에 비하여」名詞＋に比べて

🔊 track 132

見分け方

名詞につけ、「に比べて」と言う時に使います。

① 「에 비해 / 비하여」 **➡** 「名詞＋に比べて」

인구에 비하여 물량이 턱없이 부족하다 .	人口に比べて、物量がとんでもなく、足りない。
평상시에 비해 아주 높은 편이다 .	平常時に比べて、かなり高い方だ。

使い方

名詞 **＋** 에 비해 / 비하여

「에도 불구하고」名詞＋にも関わらず

🔊 track 133

見分け方

名詞の後につけて、「にも関わらず」と言う時に使います。

① 「에도 불구하고」➡「名詞＋にも関わらず」

이러한 의료 기술의 발전에도 불구하고 장기 이식의 문제는 여전히 해결되지 않고 있다 .	こういう医療技術の発展にも関わらず、臓器移植の問題は、依然として解決されないでいる。

使い方

名詞 ＋ 에도 불구하고

「로 / 으로 인해 （인하여）」 名詞＋せいで

🔊 track 134

見分け方

名詞の後につけて、それがあまり望ましくない原因になっていることを言う時に使います。

① 「로 / 으로 인해 （인하여）」➡「名詞＋せいで」

주택가 도로에 불법 주차된 차로 인해 소방차 진입이 불가능하다 .	住宅街の道路に不法駐車した車のせいで、消防車の進入が不可能だ。
때마침 불어닥친 돌풍으로 인해 화재가 확산되었다 .	折しも、吹き付けた突風のせいで、火災が拡散した。

使い方

名詞 ＋ 로 / 으로 인해

第 9 章
話法関連

この章では、見たこと、聞いたことを引用し、第3者に伝える表現について説明します。直近の試験で出題されたものだけを収録しました。これらを学修しておけば、本番の試験の95%以上をカバーできると思います。本書に挙げられていないものについては、『中上級ハングル文法活用辞典』（イム・ジョンデ著　秀和システム刊）を参照して下さい。

「고 하다」動詞・形容詞・있다 / 없다・名詞＋と言う

見分け方

「고 하다」は、自分がどこかで聞いた内容を引用し、公の場での案内や告知などと行う時に使います。

① 「ㄴ / 는다고 하다」→「動詞＋と言う」

오늘 온다고 합니다.	今日、来るそうです。
책을 읽는다고 해요.	本を読むと言います。

② 「다고 하다」→「形容詞・있다 / 없다＋と言う」

유명하다고 합니다.	有名だそうです。
굉장히 비싸다고 해요.	めちゃくちゃ高いと言います。

③ 「라고 / 이라고 하다」→「名詞＋と言う」

잘 가르치는 교수라고 합니다.	上手に教える教授だそうです。
제일 큰 병원이라고 해요.	一番大きい病院だと言います。

使い方

動詞語幹 ＋ ㄴ다고 / 는다고 하다
形容詞・있다 / 없다語幹 ＋ 다고 하다
名詞 ＋ 라고 / 이라고 하다

「다고」と言っている（引用）

track 136

見分け方

相手からの発言から、全部または一部を引用し、返事を返す時に使います。

① 「ㄴ / 는다고」➡「動詞＋といっている」

오늘 온다고요？	今日、来ると言っているのですか？
지금 책 읽는다고요.	今、本、読んでいると言っているのです。
그건 못 한다고요.	それは、出来ないと言っているんです。

② 「다고」➡「形容詞・있다 / 없다＋と言っている」

이 산이 유명하다고요？	この山が有名だと言うのですか？
이거 엄청 비싸다고요.	これ、すごく高いと言っているのです。
돼지고기가 맛이 없다고요？	豚肉が美味しくないと言うのですか？

③ 「라고 / 이라고요」➡「名詞＋と言う」

제일 큰 병원이라고요.	一番大きい病院だと言っているんです。

使い方

動詞語幹 **+** ㄴ / 는다고
形容詞・있다 / 없다語幹 **+** 다고
名詞 **+** 라고 / 이라고

「거라고」
動詞・形容詞・있다 / 없다・이다＋んだよ / ってば

◀)) track 137

> **見分け方**

話題の出来事に対する自分の一方的意見を語りかけ、相手を納得させようとしながら話を閉じる時に使います。

---

① 「는 거라고」 ➡ 「動詞・있다 / 없다＋ってば」

조금씩 사서 먹는 게 오히려 돈을 아끼는 거라고 .	少しずつ買って食べるのが、むしろお金を節約することだってば。
뺏은 게 아니고 잠깐 빌려쓰는 거라고 .	取ったんじゃなくて、しばらく借りて使っているんだってば。

② 「ㄴ / 은 거라고」 ➡ 「動詞・形容詞・이다＋ってば」

그 사람 싫어서 일부러 아는 체 안 한 거라고요 .	その人が嫌で、わざと知らんぶりをしたんですってば。
간에 붙었다 쓸개에 붙었다 사람 마음이 그렇게 간사한 거라고 .	内股膏薬、人の心って、そんなによこしまなんだってば。

③ 「ㄹ / 을 거라고」 ➡ 「動詞・形容詞・있다 / 없다・이다＋ってば」

내 말 안 듣고 그런 사람한테 시집가면 너 고생할 거라고 .	俺の言うことを聞かないで、あんな人に嫁に行ったりすると、お前、苦労するってば。
입지가 별로 안 좋은 데 있어서 한동안 고전할 거라고 .	立地があまりよくないところにあるから、しばらく苦戦するってば。

216

④「던 거라고」→「動詞・있다＋ってば」

| 그거 내가 쭉 애용하던 거라고 . 건드리지 마 . | それ、私がずっと愛用していたものだってば。触るなよ。 |
| 반대를 무릅쓰고 내가 주도하던 거라고 . 몰랐어 ? | 反対を押し切って、俺が主導していたことだってば。知らなかったの？ |

使い方

動詞・있다 / 없다語幹 ＋ 는 거라고
動詞・形容詞・이다語幹 ＋ ㄴ / 은 거라고
動詞・形容詞・있다 / 없다・이다語幹 ＋ ㄹ / 을 거라고

「더라고」動詞・形容詞・있다 / 없다・이다＋た / ていた ◄)) track 138

見分け方

　過去のある時に経験して知ったことを思い返し、それを引用して相手に伝えながら話を閉じる時に使います。

①「더라고」→「動詞・形容詞・있다 / 없다・이다＋た / ていた」

문을 아직 안 열었더라고 .	（お店が）まだ開いてなかったよ。
안이 다 들여다보이더라고 .	中が丸見えだったよ。
연극 , 아주 유치하더라고요 .	演劇、とても幼稚でしたよ。
괜찮은 사람이더라고 했잖아요 .	なかなかいい人だって言ったじゃないですか。

動詞・形容詞・있다 / 없다・이다語幹 ✛ 더라고

「다던데」「라던데 / 이라던데」 らしいけど（伝聞） ◀)) track 139

「다고 하던데」の縮約形です。どこかで聞いたことを丸ごと引用し、それを前置きと
して伝え、相手の反応を伺う時に使います。

---

① 「ㄴ / 는다던데」 ➡ 「動詞＋らしいけど」

청소 다 하고 이제 설거지 한다던데요?	掃除、全部終わって、今、皿洗いしてい るそうですけど。
주 1 회 꼬박꼬박 5 키로씩 걷는다던데.	週1回、欠かさずに、5キロずつ、歩く らしいけど

② 「다던데」 ➡ 「形容詞・있다 / 없다＋らしいけど」

다음 달 6 일을 임시 공휴일로 결정했다던데.	来月の6日を臨時祝日に決定したらし いけど。
잇몸이 아프다던데.	歯茎が痛いらしいけど。

③ 「라던데 / 이라던데」 ➡ 「名詞＋らしいけど」

거기 들어있는 노란 거, 그거 노른 자위라던데.	そこに入っている、黄色いやつ、それ、 黄身らしいけど。

한번에 투입하는 것이 능률적이라던데.	一気に投入するのが、能率的らしいけど。

使い方

動詞語幹 **+** ㄴ / 는다던데
形容詞・있다 / 없다語幹 **+** 다던데
名詞 **+** 라던데 / 이라던데

「대」らしい（伝聞）

◀)) track 140

見分け方

「다고 해」の縮約形です。どこかで聞いたことを丸ごと引用し、相手に伝え、話を閉じる時に使います。

① 「ㄴ / 는대」 ➡ 「動詞＋らしい」

공사는 내일부터 시작한대요.	工事は明日から始まるらしいです。
수돗물 잘 나온대요.	水道は、よく出るみたいです。
같은 회사 사람들한테 얻어먹는대.	同じ会社の人たちからおごってもらっているみたい。

② 「대」 ➡ 「形容詞・있다 / 없다＋らしい」

어떤 약도 소용없대요.	どんな薬も役に立たないらしいですよ。
부부 사이가 요새 심각하대.	夫婦仲が、最近深刻らしい。

딸기가 싱싱하고 맛있대.　　　　　　イチゴが、新鮮でおいしいらしい。

---

③ 「라대 / 이라대」 ➡ 「名詞＋らしい」

- -

그 집 애들 쌍둥이라대요?　　　　　そちらのお子さんたち、双子らしいです
　　　　　　　　　　　　　　　　　よ。

지난번에 포도 갖다준 게　　　　　こないだ、ブドウを持ってきてくれたの
아랫집이라대?　　　　　　　　　　が、下のお家らしいね。

오늘이 아니고 어저께라대.　　　　　今日じゃなくて昨日らしい。

使い方

動詞語幹＋ㄴ/는대

形容詞・있다 / 없다語幹＋대

名詞＋라대 / 이라대

「다는」「라는 / 이라는」 という（連体形）

🔊 track 141

見分け方

「다고 하는」の縮約形です。どこかで聞いた終止形の出来事を丸ごと引用し、後ろの
名詞につなげる時に使います。

---

① 「ㄴ / 는다는」 ➡ 「動詞＋という＋名詞」

- -

음악이 장면하고 잘 안 어울린다는　　音楽がシーンとあまり合わないという
지적이에요.　　　　　　　　　　　指摘です。

그 정도는 다 알아맞힌다는
이야기가 나오네요 .

その程度は、全部当てるという話が出て
います。

우리가 전통을 잇는다는 생각을
가져야 합니다 .

私たちが伝統を継ぐという思いを持た
なければなりません。

② 「다는」 →「形容詞・있다 / 없다＋という＋名詞」

비싼 돈도 아깝지 않다는
평가입니다 .

高いお金も惜しくないという評価です。

방송이 재미있다는 의견이 많았다 .

放送が面白いという意見が多かった。

이번 패배가 너무 안타깝다는
팬들의 반응입니다 .

今回の敗北がとても残念というファン
の反応です。

③ 「라는 / 이라는」 →「名詞＋という＋名詞」

제일 문제가 최저 임금이라는
판단입니다 .

一番の問題が、最低賃金という判断で
す。

자동 운전 시스템이라는 거
들어봤어요 ?

自動運転システムというもの、聞いたこ
とありますか？

작은 아버지라는 사람이 그게
뭡니까 ?

おじという人、あれは一体何ですか？

使い方

動詞語幹 ＋ ㄴ / 는다는
形容詞・있다 / 없다語幹 ＋ 다는
名詞 ＋ 라는 / 이라는

「냐는」「느냐는」 かという（連体形）

track 142

見分け方

「냐고 하는」の縮約形です。どこかで聞いた質問を丸ごと引用し、後ろの名詞につなげる時に使います。

---

① 「냐는」➡「動詞・形容詞・있다 / 없다・이다＋かという」

어느 관광단지냐는 질문이 있었다 .	どの観光団地なのかという質問があった。
선거구에는 언제 오냐는 문의가 있었던 모양이다 .	選挙区にはいつ来るのかという問い合わせがあったようだ。

② 「느냐는」➡「動詞・있다 / 없다＋という＋名詞」

이번 선거에 나가느냐는 질문에 아직 답을 안 하셨는데요 .	今回の選挙に出るのかという質問に、まだ返事をしておられませんが。
국방장관을 해임하느냐는 질문에 총리는 아무 말도 하지 않았다 .	国防長官を解任するのかという質問に、総理は何も言わなかった。

使い方

動詞・있다 / 없다幹 **＋** 느냐는
動詞・形容詞・있다 / 없다・이다語幹 **＋** 냐는

「자는」ようという（連体形）

◀)) track 143

見分け方

「자고 하는」の縮約形です。どこかで聞いた勧誘の出来事を丸ごと引用し、後ろの名詞につなげる時に使います。

---

① 「자는」➡「動詞＋しようという＋名詞」

그래서 서로 약속을 지켜 가면서 취재하자는 합의를 본 것이다 .	それで、お互いに約束を守りながら、取材しようという合意をしたのである。
다른 부서에서는 빨판과 같은 접착력이 있는 도구를 사용해보자는 의견이 나왔다 .	他の部署からは、吸盤のような、接着力のある道具を使ってみようという意見が出た。

使い方

動詞・있다語幹 ＋ 자는

「라는 / 으라는」しなさいという（連体形）

◀)) track 144

見分け方

「라고 / 으라고 하는」の縮約形です。どこかで聞いた命令の出来事を丸ごと引用し、後ろの名詞につなげる時に使います。

① 「라는 / 으라는」 → 「動詞＋という＋名詞」

| 내게 빨리 가게 나와 일하라는 말을 한 것은 그날 오후였다 . | 私に早く店に出てきて、働きなさいといってきたのは、その日の午後だった。 |
| 우리 , 전원 다 교육받으라는 지시가 내려왔다던데 모르세요 ? | 私たち全員、教育を受けろという指示が下りてきたらしいのですが、知りませんか？ |

使い方

動詞・있다語幹 **+** 라는 / 으라는

「다며」「라며 / 이라며」と言いながら

◀» track 145

見分け方

「다고 하며」の縮約形です。どこかで聞いた終止形の出来事を丸ごと引用しながら、その話と同時進行する出来事を言う時に使います。ひとごと的表現に馴染む言い方です。

① 「ㄴ / 는다며」 → 「動詞＋と言いながら」

| 아버지는 큰애를 데리고 놀이터에 놀러 갔다온다며 집을 나가셨다 . | 父は上の子を連れて遊び場に遊びに行ってくると言いながら出かけた。 |
| 어른들은 연예인을 무조건 쫓아다닌다며 우리를 부정적으로 본다 . | 大人たちは、やたらと芸能人を追っかけると言いながら、私たちを否定的に見る。 |

② 「다며」 ➡ 「形容詞・있다 / 없다＋と言いながら」

친정아버지가 손자들이 보고 싶다며 시골에서 올라오셨다 .	実家の父が、孫たちに会いたいと言い、田舎から上京してきた。
겨우 소비자들의 구매 욕구가 살아나고 있다며 환영하는 분위기다 .	やっと消費者の購買欲求が甦りつつあると言いながら、歓迎する雰囲気だ。

③ 「라며 / 이라며」 ➡ 「名詞＋と言いながら」

연락을 주고 받은 게 불과 며칠 전이라며 갑작스러운 죽음에 충격을 받은 듯했다 .	連絡を取り合ったのがわずか数日前だと言いながら、急な死に衝撃を受けたようだった。
이것이 자신의 한계라며 사장 자리에서 물러날 뜻을 밝혔다 .	これが自分の限界と言いながら、社長職から退く意向を明かした。

使い方

動詞語幹 ＋ ㄴ / 는다며
形容詞・있다 / 없다語幹 ＋ 다며
名詞 ＋ 라며 / 이라며

「냐며」「느냐며」かと言いながら

🔊 track 146

見分け方

「냐고 하며」の縮約形です。どこかで聞いた質問の出来事を丸ごと引用しながら、その話と同時進行する出来事を言う時に使います。

나 , 안 보고 싶냐며 ? 그래서 놀래켜 주려고 왔는데 .

私に会いたくないのかって言っておきながら。だから、驚かそうと思って来たんだけど。

지금이 새벽 시간인데 무슨 교통 체증이냐며 내 말을 믿지 않는다 .

今明け方なのに、何の交通渋滞なんだよと言いながら、私の言うことを信じない。

아이 아직 안 재웠느냐며 전화로 몇 번을 물어 온다 .

子供、まだ寝かせていないのかと言いながら、電話で何回も聞いてくる。

한여름에 무슨 몸살을 앓느냐며 되려 나한테 핀잔을 준다 .

真夏に何の風邪なんだよと言いながら、かえって、私を面責してくる。

더 할 이야기가 남았느냐며 내 말을 도대체 들으려고 하지 않는다 .

また、言うことが残っているのかと言いながら、私の話を到底聞いてくれようとしない。

使い方

動詞・形容詞・있다 / 없다・이다語幹 ＋ 냐며 / 느냐며

「자며」しようと言いながら

◀)) track 147

見分け方

「자고 하며」の縮約形です。どこかで聞いた勧誘の出来事を丸ごと引用しながら、それと同時進行する別の出来事を、次に言う時に使います。

① 「자며」 → 「動詞 + しようと言いながら」

영업 부서에서 매출을 늘릴 수 있는 행사를 하자며 제안을 해 왔다 .	営業部署から、売り上げを伸ばせるイベントをやろうと言いながら、提案をしてきた。
나랑 같이 싸우자며 왜 혼자 가서 그런 험한 일을 당하는 건데 ?	俺と一緒に戦おうと言いながら、なぜ1人で行って、そういう乱暴をされてくるわけ？
나중에 시간이 될 때 다시 찾아오자며 그만 돌아가자고 한다 .	後で時間に余裕がある時にまた訪ねてこようと言いながら、もう帰ろうと言う。

使い方

動詞・있다語幹 **+** 자며

「라며 / 으라며」 しろと言いながら

◀)) track 148

見分け方

「라고 / 으라고 하며」の縮約形です。どこかで聞いた命令の出来事を丸ごと引用しながら、それと同時進行する別の出来事を次に言う時に使います。

① 「라며 / 으라며」 → 「動詞 + しろと言いながら」

그 사람은 명단에서 자기 이름을 빼라며 아주 불쾌해 했다 .	その人は、名簿から自分の名前を外せと言いながら、とても不快そうに言った。

월말까지는 할지 말지를 결정하라며 月末までは、するかしまいかを決めろと
재촉이 심하다 . 言いながら、催促が激しい。

使い方

動詞・있다語幹 ＋ 라며 / 으라며

コラム

韓国がよくわかる
KEYWORD

TOPIK は、韓国語の能力を測る資格試験の1つですが、同時に、韓国という違う世界への理解を深める役割もあると思います。その理解を深めることは、皆さんの人生や生活を豊かにします。日本だ、韓国だという以前に、一人の人間としての幅を広げられるからです。これから皆さんに読んでいただきたいコラムは、長く、少しハードな内容だと思いますが、留学や仕事、プライベートで、韓国人と接するとき、大いに役立つものになるはずです。

コラムを書くに当たって

　私が日本を初めて訪れたのは、高校1年のときでした。私の出身校、大田（テジョン）にある高校は、戦前は日本人校でした。その当時、大田の高校を卒業した先輩たちが日本に3千人くらい住んでいましたが、彼らが母校を懐かしいと思っても、はるばる大田まで訪れることは難しく、それならばせめて制服姿だけでも見れたらなぁ、という話を常々していたそうです。そんな折、富山で全国の高校生が集まる吹奏楽のコンサートがあり、そこに当時大田の高校生だった私たちがゲスト参加するという話が持ち上がりました。このコンサートでの来日をきっかけに、大田の高校を卒業した日本人の先輩方とはじめて対面することになりました。

　その頃の韓国は、高校生団体の海外派遣など、到底考えられない時代でした。関釜フェリーの乗船券まで買ったのに、なかなか出航許可が下りず、結局下関には、予定より10時間以上遅れて到着しました。

　後輩たちを一目見ようと、日本全国からかけつけてくれた日本人の先輩たちが、10時間も待たされたにも関わらず、富山に向かうわれわれのバスを、手を振りながら見送ってくれたことを、46年経った今も忘れられません。先輩たちがお金を出してくれたお陰で、私たちは、日本にいる間、快適に過ごせました。デラウェアを初めて食べました。フルーツポンチは、天国の食べ物かと思いました。世の中にこんなに甘いスイカがあるんだなと思いました。どこに行っても清潔で、人は洗練されていました。下関から富山までのバス移動中、赤信号をきっちり守ることにびっくりしたの

覚えています。日本との関わりは、そうやって始まりました。

　その影響から、韓国外大の日本語科に進み、日本に留学に来たのが1989年です。ちょうど韓国も海外旅行が自由化になり、多くの韓国の企業、団体が日本に押し寄せ、教えを乞うていた時期でした。私は、偶然、ある研修会に通訳として出席してから、直接韓国の企業や経済団体から呼ばれるようになり、それ以来、かなりの数の研修会や見学会、国際大会などで、通訳を担当することとなりました。

　二国間の考え方の違いをまざまざと見せつけられたのは、この時です。同じことをやっているはずなのに、なぜこれほどにまで違うのだろうと思いあぐねているうちに、韓国人には日本人のモノの考え方を、日本人には韓国人のモノの考え方を説明するようになりました。

　そこから、30年くらい経ちました。この間、いろんな経験をし、いろんなことを考えてきました。本コラムは、その経験の一部を紹介するものです。中には、センシティブな内容もあります。捉え方によっては、日韓どちらかを貶しているように感じるものもあるかもしれません。

　私は、韓国に生まれ、日本人となり、日本で暮らしています。生まれた国を捨てることも、第2の人生を送っている国を貶める（おとし）こともできません。生まれた国も好きで、暮らしている国も好きです。しかし、こういった立場になって分かったことがあります。日本だ、韓国だという前に、われわれは、一人の人間だということです。考え方は違いますが、心は通じます。人は、霊の動物だからです。どちらにも、いい人もいれば、悪い人もいます。でも、本心が伝わらないことはない、人は皆同じと信じながら、やってきた32年でした。本コラムは、その気持ちを伝えるものです。

存在性と関係性

　よくも悪くも人間は、自分を突き動かす何かに影響されながら、人生を歩んでいきます。日本人とか韓国人とかというその国民も、人の集合体ですから、当然似たような性向を見せます。ですから、日本人の行動、思考にも、韓国人の行動、思考にも、そうさせる何かがあります。

　その仕組みのことを、私は、「ヨコイズムとタテイズム」と呼んでいます。私は、この概念が、日韓にまたがる諸現象の説明や未来志向への指標を読み取るのに、いいヒントになるのではないかと、思っています。

　人間は、生まれたと同時に存在性を獲得します。名前が付けられ、戸籍に載り、一人の人間としてカウントされるようになります。と同時に、誰かの子供、誰かの兄弟、誰かの孫として、関係性も与えられます。

　存在性や関係性に無縁な人はいません。自力で生まれることも、誰かの子供や兄弟となることを拒否することも、出来ないからです。人間は、生まれたと同時に成長していきますが、その成長の過程で、いろんな行動、発言、思考、判断などを繰り返していきます。そういう様々な行動、発言、思考、判断の深層、根底にあるのが、その人の存在性や関係性なのです。ですから、存在性や関係性は、その人の一部であり、またその人そのものだったりします。

　存在性と関係性は、フィフティフィフティではありません。割合は、

成長とともに、また環境の変化とともに、常に変わります。幼い時は、存在性と関係性のうち、存在性が大きい比重を占めます。親から遺伝で譲り受けたものを存在性として持っている以外、関係性を築くための社会活動を開始していないからです。しかし、成長とともに、行動範囲が広くなると、ほぼ100％だった存在性の割合が減り始め、次第に関係性の割合が増え始めます。関係性の割合が増え始める大きなきっかけとなるのは、周りとの接点の拡大です。周りの目を気にせず、行動するのは、存在性の時期までで、周りの目が気になり始めると同時に、関係性が芽生えます。

例えば、3歳くらいになると、保育園や幼稚園に入りますが、そこで、接点が拡大されると、関係性に基づいた行動、判断が現れ始めます。関係性が影響する代表的な行動例である、「やってはいけないこと」を家族以外の大人から学ぶのもこの時期が初めてです。ですから、この時期は、関係性拡大の始動期と言えます。

関係性形成に影響するのは、成長していく中で出会う、周りのすべての人です。まじめだった子が、何かをきっかけに、非行に走ったり暴力的になったりするのも、周りから影響され修正させられた関係性の変化が生み出すものです。

成長期に、「それ、だめよ」とか「それはこうなんだよ」とか「普通そんなことはしないよ」などの話を周りから聞かされることがありますが、そういう話を聞かされると、否が応でも、人間は、それに反応をします。関係性の修正、変化は、正にその時に起こるのです。人は、墓に入るまで、そういうことを繰り返しながら、生きていく生き物です。

「人間関係に疲れた」という話を聞くことがありますが、これは、その人の存在性の比重が高く、関係性の日常的バージョンアップを好まない心の動きから出てくる現象です。そういう状況に直面した時には、他人のことを気にし、他人の方を見るよりも、自分自身の存在性、「自分という人間は？」に真摯に向き合った方が問題解決につながります。

　関係性の確立に強く影響するのは、特に、家族、親戚、隣人、先生、上司などの周りの大人たちです。友達や年下の人から、関係性を修正させられるような大きな影響を受けることはあまりありません。あるいは、もっと成長すると、今度は、テレビ、SNS、新聞、本、雑誌、情報誌などからも関係性への影響を受けます。関係性は、成長とともに、徐々にオリジナリティを増していきます。人は皆、それぞれ違うことを考え、異なる思いを抱き、異質の経験をするからです。

　ところで、若い人の関係性形成に影響する周りの大人たちも、実は、またその人の大人から影響されたもので関係性を築いています。国民性または民族性は、そういう一人一人が集まって形成するものですから、関係性は、民族や国民と無縁ではないのです。関係性を見ると、その国の人たちの考え方がある程度見えてくるというのは、そういうことです。

　関係性には、ヨコとタテの2つがあります。生まれてすぐは、ほぼ存在性100％の時期がしばらく続くので、この時期はヨコの関係性による行動も、タテの関係性による行動も、見られません。しかし、学校に入ると、道徳やマナーと称し、コミュニティーの安定を壊さないための「やってはいけないこと」を中心とするヨコ関係重視が始まり、

しばらく続きます。

　その後、次第に中学生、高学年と高学年になるにつれ、様々な場面で「〜力」が問われるようになると、今度は、タテの関係性を意識し始めるようになり、タテ関係重視の考え方がかぶさってきます。いわば、ヨコとタテとが混在する形になっていくのです。このヨコとタテのバランスは、成長とともに変化しますが、当然ながら、一律ではなく、人によってまちまちです。

　存在性と関係性の話をしてきましたが、われわれが普段の生活の中で、存在性や関係性のことを一々意識することはありません。自分の考え、思い、行動がヨコ関係重視の考え方から出てくるものなのか、タテ関係重視の考え方から出てくるものなのかを意識し、考え直したり、行動を止めたり、決定を改めたりすることはないのです。

　しかし、人間のすべての思考、判断、行動の深層の根底に、存在性や関係性概念が機能していることは間違いありません。人間は、存在し、関係の中で生きていく生き物だからです。

　人間は、自分を突き動かす何かに影響されながら生活を営んでいく、国民も人の集合体なのだから、そういう面においては一緒、だから、日本人の行動、発言、思考にも、韓国人の行動、発言、思考にも、そうさせる何かがあるという話をしました。

　その仕組みである「ヨコイズム」「タテイズム」ですが、タテ、ヨコは、それぞれ、「縦、垂直、上下」「横、水平、隣」などをイメージしたもので、イズムは、英語の ism のことです。

タテイズム、ヨコイズム

🇰🇷

　タテイズムは、ものの考え方、物事の判断決定、行動の根底、深層心理に、タテの関係性を重視する思考が働くタイプのことで、ヨコイズムは、それとは逆に、ヨコの関係性を重視する思考が働くタイプのことです。

　別の言い方をすると、物事の原因、物事を決める基準、物事を進める根拠などを、タテ方向の考え方から探り、求め、見出そうとするのがタテイズム思考で、ヨコ方向の考え方から探り、求め、見出そうとするのがヨコイズム思考とも言えます。

　ですから、タテイズム的な考え方を持っている人は、人間関係や国際関係など、関係性を判断しなければならない場面に遭遇すると、ヨコよりもタテのことが気になり、ヨコイズム的な考え方を持っている人は、それとは逆で、タテよりもヨコのことが気になります。どちらかというと、日本は、ヨコイズムの要素が強く、韓国は、タテイズムの要素が強いと言えます。

　例えば、「周り、他人を意識する」ことにおいて、日本は、ヨコイズムの傾向が、韓国は、タテイズムの傾向が強く現れていると言えます。発言や行動をする時に、周りや他人のことが気になって言いたいことを止めたり、行動を自粛したりすることがもしあるとすれば、それは、

ヨコイズムの関係性が働いている証拠です。それとは逆に、発言や行動をする時に、周りや他人のことをあまり気にせずに、言いたいことを言い、行動したければする、ということがあるとすれば、それは、タテイズムの関係性が働いている証拠です。

　周り、他人をあまり意識しないのに、なぜ韓国人は、あれだけ整形をする人が多いのか、それは、他人を意識しての行動ではないのか、と思うかもしれませんが、それは、ヨコイズム思考というより、外見のことで他人より下に見られたくない、むしろ強いタテイズム思考の表われです。

　整形に対する日本人の反応として、親から頂いた体を傷つけてはいけないという否定的な意見が聞かれますが、それは、30年くらい前の韓国の常識でした。整形をしたとしても、それをひた隠しにし、整形専門の医者は医者でもないという風潮があったのです。つまり、そういう考え方自体は、日本も、韓国も同じなのです。そういう考え方が変わり、許容される社会雰囲気になったのは、今の韓国社会の強力なタテイズム化の傾向と無縁ではありません。

　2つ目の例、「皆で話し合いをする時に意見するか」ですが、それも、日本と韓国とでは、大きく違います。日本人は、グループで何かを決める時、あまり意見せず、誰かの意見に流されることが多いですが、韓国人は、グループで何かを決める時、活発に意見を出し合い、最後まで自分の意見を貫き、曲げたりしません。

　活発に意見を出し合うのが、なぜタテ関係重視の考え方になるのか

ですが、意見を出す心理の根底に、自分を立たせようとする意識が働くからです。

　3つ目の「初顔合わせの場面で、前に出られるかどうか」ですが、これにも、ヨコイズムとタテイズムの違いがはっきり出てきます。ヨコイズムの日本人は、基本的に前に出ようとあまり思いませんが、タテイズムの韓国人は、前に出ることを厭いません。もちろん、日本人の中にも、積極的に前に出る人がいますし、韓国人の中にも、前に出ることを嫌がる人がいます。しかし、割合でいうと、韓国の方がはるかに高いのが事実です。

　また、4つ目の例、友達の作り方を見ても、日本人と韓国人は、違う様相を見せます。日本人は、一人は嫌だから、何となく輪を作り、そこで誰かを見つけて友達にし、落ち着きます。しかし、韓国人は、一人でも平気で、輪を作る必要はなく、友達なんて自然に出来ればいいと考えます。友達を作るために、低姿勢になる必要を感じません。
　なぜ、仲間を作りたがるのがヨコイズム思考の特徴なのかですが、グループ、集団という保護膜の中に入り、そこで安住したがるのがヨコ関係を重視する考え方の特徴だからです。

　和というものも、組というものも、部活というものも、ヨコイズム的思考の表われと言えます。日本の企業現場では、QCサークルというものが組織され、数十年に渡って堅調に維持され、運営されていま

すが、韓国の企業で QC サークルがしっかり定着し、機能している企業は、ほとんど見たことがありません。これは、韓国の企業体質に問題があるのではなく、ヨコの関係性を重視する思考が韓国人に薄いことが原因なのです。

IT 産業で言うと、韓国は、世界でトップレベルです。この IT 産業は、和や輪、グループ、集団を必要としません。作り上げていくのは、それぞれの頭の中であって、そこを共有しながら仕事をすることが業態的に似合いません。だから、IT 分野が韓国の人たちに向いているのかもしれません。対照的に、ものづくりで日本人の右に出る民族はいません。歩調を合わせ、阿吽の呼吸で、一糸不乱、寸分たがわず、これが出来る組織は、日本にしかありません。

1990 年前後から 20 年余り、韓国の企業は、年間数万名の社員を日本に送り込み、日本からものづくりを学ぼうとしました。が、結局は失敗に終わっています。それは、勉強不足や誠意が足りなかったからではありません。体質的にタテイズム思考が強い人たちに合わないやり方だったからです。

ヨコイズムの日本人は、グループからはみ出ることを、本能的に嫌いますが、タテイズムの韓国人は、グループ、組織からはみ出ても平気で、そこまで気にしません。

ヨコイズム型社会では、リーダーを決める時に、あまりもめません。なぜかというと、もめる期間が長くなることで後々お互いに気まずい空気になることを嫌うからです。だから、なるべくすんなり決めて、

安定した組織の平和な空気を味わいながら、皆その中で安穏に暮らしたがります。安定、平和は、壊してはいけないものだと考えるからです。

一方、タテイズム型社会では、よく揉めます。揉める原因は、様々です。揉めようと思えば切りがないくらい、ネタはいくらでもあります。揉め始めたらなかなか収拾がつきません。マウントを取る量や質に合意できれば何とか収まりますが、そうでない場合、物理的期限が来るまで延々と続きます。

ヨコイズムの日本人は、俺ってこんなものだよと思っている人が多いですが、タテイズムの韓国人は、俺は、本当は、こんなものじゃないと思っている人が多いです。

ヨコイズムの日本人は、自分より優秀な人に、頭が上がらない、認めて終わりという傾向がありますが、タテイズムの韓国人は、自分より優秀な人がいたとしても、認めません。その人から、自分より劣る要素を探し出し、そこは俺が上だなと思い、安心します。

どこまで謝り続けるんだ！

マスコミから、韓国と何か揉めているという話を聞く時に、何で揉めているのか、よく分からないけど、k-pop好きだし、韓国料理も韓国コスメも楽しんでいるので、仲良くしてほしいと考えるとすれば、あなたは、ヨコイズム型の考え方を持っていると言えます。

それに対し、韓国のドラマは面白いから見るけど、それとこれとは別の話で、なぜ韓国に謝り続けなければならないんだ、いい加減この辺でがつんと言ってやらないと、いつまで経ってもこんな関係が続くぞ、と考えるとすれば、あなたは、タテイズム型の考え方を持っていると言えます。

ヨコイズム型の考え方を持っている人は、揉めるのが嫌いです。どちらが正しいのかは、重要ではありません。揉め事が発生したとすれば、なぜそれが起きたのか、悪いのはどちらなのか、この問題の原因はどこにあって、どこを直せばさらによくなるのかは二の舞で、この揉め事は、誰が起こしたのか、起こした人は何が不満なのか、それを鎮めるためにはどうすればいいのかを考えます。

組織にこういう考え方を持っている人が多いと、どんなに正しいもめ事を起こしたとしても、起こした本人に問題があるものと烙印を押されることが多く、本質は蓋をされたまま、葬られることが多いです。その人がまた揉め事を起こす場合は、それが、どんなに正しい問題提起だったとしても、誰も言うことを聞いてくれません。皆に疎まれて

終わりです。

　なぜ、韓国と仲良くしてほしいと思うことがヨコイズム型の考え方なのかですが、今のような特徴を持っているからです。揉める原因がどこにあるのか、それは何のためのことなのかをしっかり考えるのではなく、ただ単に揉め事が終わってほしい、平和になってほしい、それだけを願うのが、ヨコイズムの典型的な特徴だからです。

　タテイズム型の考え方を持っている人は、揉めたとしても、何とも思いません。なぜ揉めたのか、何が正しいのか、どうすれば正しい方向に決着をつけられるのかを考えます。揉め事を起こした人に対して、悪い人とも思わないし、その人が組織にとって、問題児だとも思いません。揉めたからには、そこには、しっかりとした理由があるからなのだろうと思います。それを考え、自分も同じ意見だったら、その揉め事に賛成します。

　韓国のことを怒る人がなぜタテイズム型なのかですが、怒る心理の根底に、負けてたまるかという心理が潜んでいるからです。負けてたまるかの心理は、タテイズム型の考え方の典型的な特徴の一つです。分からせてやれという言い方も、タテイズム型の考え方の特徴です。自分は分かっていて、相手は分かっていないと思うからです。

　韓国なんかに謝る必要はないと思っている人の心理の中に、あれだけ色々と面倒を見てやったのに、という思いがあるとするならば、それは、紛れもなく、タテイズム型の考え方の表れです。同じ土台に上がられるのが生理的に嫌で、本能的に許せないからです。

　周りの友達に先を越されるのが嫌でたまらないという心理があると

すれば、それは、タテイズム型の考え方です。それ自体は、悪いこと
でも何でもありません。自然な気持ちの表れです。しかし、そういう
思いが発言となり、やがて行動として現れ、相手を引きずり下ろすた
めの具体策を練り始める段階にまで至ると、それは、危険です。

あの人たち、声、でかいな・・・

　レストランなどで食事をする時に、日本では、周りの人に迷惑にならないように、静かに会話をするのがマナーと言われます。それに比べると、韓国の人たちは、レストランなどでご飯を食べる時、そこまで周りの人を気にし、声を小さくすることはしません。

　日本人は、公共の場所で声が大きい人に出逢うと、普通拒否反応を見せます。なぜ大きな声が出ているのかを気にしているのではなく、ただ大きい声が出ていることに不快感を覚えるのです。その不快感は、守られていない、なっていないと思うところから出てきます。何が守られていないかというと、マナーで、何がなっていないかというと、常識です。

　ところで、そういうマナーや常識は、誰が作ったものでしょうか？何のためのものでしょうか？　おそらく、誰が作ったのか、何のためなのか、即答できる方は、いないと思います。当たり前のことじゃないか、皆そう思っているよ、というのがやっとだと思います。こういう暗黙のルールが多い社会は、ヨコイズム型社会です。

　ヨコイズム型の社会は、兎にも角にも、安定、平和が最優先です。社会の構成員は、かなりの程度で、しっかり割り当てられた役割分担の中で生活します。医者の子は医者、議員の中に２世、３世議員がぞろぞろ、親の家業はいずれ自分が継ぐ、という風潮が当然視されるのは、その社会が、ヨコイズム型の社会であることを表します。

244

その理由ですが、そちらの方が安心できるからです。代々やっているから、仕事ができるから安心するのではなく、その人の出自が安心させてくれるのです。その人なら、われわれにしか分からない暗黙のルールを破られることはないだろうと思い、安心するのです。

意見を言わない日本人の留学生

　韓国の大学に留学に行かせた教え子が気になり、現地の大学を訪ねると、そこの先生たちからよく言われることがあります。「日本人の学生って、本当に発言しませんね」

　皆さんは、今の話に聞き覚え、ありませんか？　小学校までは、先生の質問に皆、手を上げて答えていたのに、いつのまにか上げなくなって、そのうち、授業中に全くと言っていいほど、意見を言わなくなったことを。

　私は、韓国の大学との交換留学生を受け入れることも積極的にやっていたので、同じ教室の中で、韓国の大学生が混じって授業を受けることもよくありました。やはりこうも違うのかと思うくらい違います。初めて日本の大学の教壇に立った時、何度質問をしてもなかなか反応が返ってこないことにびっくりしたのを覚えています。

　ゼミの学生たちに、その理由を聞いたことがあります。中学校に上がる頃になると、小学校の時とは違って、知らない子たちとも同じクラスになるので、そこで答えを間違ったりして皆の笑い物にされるのが嫌だから、黙っておこうと思うようになったという意見がありました。もちろん、分かっている子、成績が優秀な子は、別かもしれません。しかし、重要なのは、同年代の普通の韓国の大学生と比べて、明らかに意見を言わない割合が高く、それが日本人の特徴として理解されているという点です。

　おかしい答え方をして笑い物にされたくないのは、韓国の子たちも同じはずです。でも、彼らは意見を言いますし、質問にも答えます。では、成長とともに、両国の若者の対応を分けさせるのは、何でしょうか？

　ヨコイズム型の社会の特徴に、皆同じというものがあります。同じことをし、同じ行動をし、違うことを許さない心理です。軍隊でも警察官でもないのに制服を着せる。制服の細かい着方や服装の規制、髪の色、長さに至るまで、挙げたらきりがないくらい、同じを求める。これでもかこれでもかといういうくらい、守ることを強要する。そして、少しでもそこからはみ出ようものなら、すぐに問題児扱いをされ、不良呼ばわりをされる。そういう厳しい指導をする先生たちも、その理由を聞かれると、規則だから、ルールだから、今までずっとそうしてきたから、以上の納得できる説明をしてくれない。学生時代って、皆そんなものだよと言いながら、守れと言う。これが、ヨコイズム型の社会の同じを求める特徴です。

　笑い物にされるということは、その対象になった途端、皆と違うものにならされることを意味します。芸人みたいに、皆からの突っ込みを笑いに切り替えてみせられる腕があれば、人気者になりますが、普通の人にそんな能力がないことを考えると、大半の人間は、笑い物にされた途端、皆より下に見られる精神的苦痛を味わうようになります。そこに、問題があります。皆同じから1つ下がることにより、集団から下に見られ、とても居心地の悪い状態にさせられるのです。

　組体操は、見ている人は楽しいかもしれませんが、やっている本人たちは微妙です。自分が何になるのか、どこのどんな部分になるのか

も分からず、何のためにやるのかも説明されないまま、言われる通り苦痛に耐え、踏ん張り、支えなければいけません。全体が綺麗に揃わないと見せ物にならないため、指導する人たちは、そこをとても気にします。皆同じ、きちっとそろって美しい、それに満足するのは、ヨコイズム型社会を見下ろす一握りの上の人たちだけです。

　ものを言わない人たちが一般大衆の大半を占めるようになると、どういうことが起こるのでしょうか？　ヨコイズム型の思考だけが正解ではなく、タテイズム型の思考だけが正解ではないことを考えると、当然、ヨコイズム型思考を持つ人も、タテイズム型思考を持つ人も、共存する社会が望ましいということになります。しかし、ものを言わない人たちが大半を占めるヨコイズム型社会では、ほんの一部のタテイズム型思考を持つ人たちだけが力を振るうことになるので、結局は、彼ら中心で社会が動くことになります。いわば、政治の特権階級化です。そうなると、大多数の国民と認識がずれる、違う考え方を持つ人たちの手によって、国が動かされることになります。

　国民は、自分たちと異なる常識を持って政治を行う彼らを見て嫌気がさし、ものを言わない自分たちの非力さにがっかりしながら、一握りのタテイズム思考の人たちと一層距離を置くようになります。いわゆる政治離れです。政治離れが加速すると、一部のタテイズム思考のグループだけが得をし、勢力を得ます。タテイズム思考を持っている人たちは、必ず選挙に参加するからです。そうなると、ものを言わない一般大衆の望みや願いと違う方向へ、どんどん政策が進みます。これが、ものを言わない人たちが大半を占めるヨコイズム型社会の負の姿です。

正義とは

　日本と韓国との関係を悪化させるきっかけとなったいわゆる「従軍慰安婦問題」、徴用工問題のうち、従軍慰安婦問題に深く関与してきたのが、「正義記憶連帯」という団体です。この団体の代表だった人は、慰安婦出身のおばあさんたちを支援するという名目の下、様々なところから経済的サポートを得た後、その会計の不透明性を疑われたにもかかわらず、政権の庇護の下、国会議員にまでなりました。未だに、その疑惑は蓋をされたままの状態になっています。

　この団体の正確な名称は、「日本軍性奴隷問題解決のための正義記憶連帯」です。いわゆる従軍慰安婦問題のための活動をすることが目的ということです。

　1945 年 8 月 14 日、今の内モンゴル自治区、葛根廟付近で、旧ソ連軍の手によって 1000 人以上の日本人の民間人が大量虐殺される惨い事件が起きました。守ってくれるはずの役所からも、軍からも、何の指示も支援も得られないまま見放された開拓民たちが、葛根廟近くに避難をしていたところを、戦車隊を始めとするソ連軍部隊に無差別に襲撃されたのです。ソ連軍は、女性子供が大半の開拓民たちを、戦車で無残にひき殺し、生き残った人たちを銃で確認射殺をする、とんでもない蛮行を犯しました。

　韓国の民主化運動の元祖とも言われる咸錫憲（ハム・ソクホン）さんは、今の北朝鮮領、平安北道に生まれ、1945 年終戦を迎えた人で、

進駐したソ連軍の暴政に抗議し、蜂起した新義州学生運動にも参加した人です。彼は、ソ連軍による逮捕、投獄を繰り返した後、1947年南に逃げます。その彼の証言によると、北朝鮮に進駐したソ連軍は、まず商店街を略奪、すべてのものを奪い去った後、今度は女性たちを狙ったと言います。毎日のように、どこかで女性が連れていかれ、レイプされている話を聞いたというのです。

　葛根廟事件にしろ、ハム・ソクホンさんの話にしろ、これらのことが意味するのは、2つです。まず、戦争の非人間性、非人道性です。戦争は、起こすのも実行するのも人ですが、その戦争の煽りを受けるのは、その人たちではなく、何の力もない普通の人です。本来であれば、最も守られなければならない立場の人たちが、親を失い、人格を失う羽目になるのです。

　2つ目は、戦争の理不尽さです。戦争下では、人間としての素養、理性が全く通用しません。満州への移住は、政府による国策のはずでした。しかし、守ってもらえるどころか、見捨てられました。北朝鮮へ進駐したソ連軍は、当時の朝鮮人民にとっては、日本の強制支配を終わらせる解放軍のはずでした。しかし、彼らは、半島北部の朝鮮人たちを、略奪の対象、欲望の道具にしか見ていませんでした。

　戦争に正義があるのでしょうか。ないはずの正義を、言える正しさも持ち得ておらず、行える判断力も持ち得ていない後代の人間が、どうして正義云々と言えるのでしょうか。仮に、正義があるとしましょう。それは、誰が決めるのでしょうか。目糞鼻糞を笑う存在に

過ぎない人間が、正義を口にすること自体、滑稽な発想です。

～連帯という組織

　韓国には、「～連帯（ヨンデ）」という組織が多いです。その中の代表格である「参与連帯（チャムヨヨンデ）」は、1994年9月「参与と人権が保障される民主社会建設」を目標に、NGOとしてスタートしました。

　その参与連帯のホームページに、次のようなことが書いてあります。

　「今までの27年間もそうであったように、会員、市民の皆さんの応援や支持は、参与連帯活動の源です。だから、われわれはやるべきことをやることができました。これからも、誰でも安全で尊重される人生、社会不平等改善のための活動の先頭に立ちます。市民が真の主となる社会のため、中断のない改革と権力監視活動を続けます。韓半島の平和と気候危機対応に連帯し、差別と嫌悪に立ち向かいます。一つ一つは小さい力ですが、《참（誠）でつながったわれわれ》には、世の中を変えられる力があります。参与連帯の変わらない挑戦にともに参加して下さい」

　素晴らしい活動目標だと思います。誰でも安全で尊重される社会、実現できれば、正にユートピアです。社会不平等の改善、できたら、地上の楽園です。しかし、気になることがあります。「참（チャムと読む。誠、真実、真理などの意味）でつながったわれわれに、世の中を変える力がある」と言っている点です。

　これは、ただでさえタテイズム思考の強い韓国人にとっては、とて

も危険な発想です。自分たちが「참」と強調しているからです。これには、2つのことに注目する必要があります。

　1つ目は、自分たちの構成メンバー1人1人に対し、「참」としてお墨付きを与えている点です。この考え方は実に危険です。「참」なんて持っているはずもない人間が、これまた持っているはずもない人間に対し、君は持っていると勝手に認定を与えているからです。こうなると、自分のことを「참」と呼んでくれる組織にかなりの忠誠を誓うようになります。自分の属している参与連帯以外の組織は、何をしても「참」ではないと思うようになります。それが、彼らの言う、権力監視活動の対象ともなると、そこがどんなに「참」のために努力してきた機関であろうとも、そうじゃないことを前提に、並々ならぬ闘争心を燃やすようになります。彼らが日本に対して、決して批判の手を緩めないのは、これが理由です。

　2つ目は、参与連帯の会員、1人1人が自分のことを「참」を自認するようになる点です。これがいけないのは、判断が食い違ったり、利害関係が絡んできたりすると、相手を打倒の対象としか見なくなるところです。自分が「참」だから、自分の基準から外れるもの、特に自分と対立するものは、何でも「참」でなくなります。それを組織に持ち帰ると、組織に庇護されるものだから、ますます厄介な正義のまやかしナイトになっていきます。

　最近、宅配労組のある幹部が、非組合員の胸を飛び蹴りで暴行する事件がありました。その幹部は、暴行の理由を訊く被害者に、特に理由はなく他の組合員と喧嘩していらいらしていたと言ったそうです。

宅配労組は、参与連帯と直接関わりはありませんが、彼らの生み出した自分だけが正しいとする「참 vs 非참」論理が、いかに韓国社会を蝕んでいるのかがよく分かる例です。

　今の政権は、参与連帯の人たちを味方として迎え入れ、権力の中枢に就かせました。そこで彼らは、自分たちの考える「참」を実行したのです。なら、それが本当の「참」であったなら、4年も経った今、どこかにその結果が出てきていい頃です。よりよい社会にちょっとは変わってもいい頃です。しかし、今の韓国は、誰でも尊重される社会、社会不平等の改善とは程遠い、未曾有の国民総対立、開国以来の国民総分裂状態に陥っています。

　自分の秘書への度重なる執拗なセクハラで大問題となり、結局は自殺で幕を下ろした元ソウル市長がこの組織出身です。高校の教壇で片寄った考え方を学生たちに強要し、解雇、退職になった教師たちをむりやり教壇に復帰させたソウル市の教育監（教育長）もこの組織の出身です。数多くの入試書類を偽造し、自分の子供を一流大学に合格させた元法務大臣のタマネギ男もこの組織の出身です。

　参与連帯は、かなり強いタテイズム思考を持つ組織です。自分たちが「참」と考えるからです。まだ、外野にいた頃は、しっかりした監視機能を発揮していましたが、いざ自分たちがタテイズム構造のてっぺんに立つと、どんな醜いこともすべて「참」にすり替える、내로남불（ネロナンブルと読む。로はロマンスの頭文字で、불は不倫の頭文字です。自分がやればロマンス、人がやれば不倫の造語）の巣窟と化しました。

　タテイズム思考の強い組織が、健全な関係性を保っていくためには、

反対給付を欲する心の論理に、きっぱりとノーを突き付け続けなければいけません。また、同じくタテイズム思考を持つ他のグループに対しても、そこにも「참」があり得るということを認めなければなりません。

　どんなに孤高な理想をかかげたとしても、時間とともにその理想は色あせ、しまいには、それを利用しようとする人間の醜悪さだけが残るのが、人間世界の常です。参与連帯は、その例をまた一つ増やしてくれました。

タテイズム型理解、ヨコイズム型理解

　ヨコイズム型思考を持つ人は、今の秩序、バランスを保つために取られる行動を理解と考えます。理解の目的は、秩序、バランスの維持にあり、物事をちゃんと分かったかどうかは、重要ではありません。それに対し、タテイズム型思考を持つ人は、今の秩序、バランスを保つことより、より高嶺を目指すために何が必要なのかを知識で吸収し、その通り行動することを理解と考えます。

　ヨコイズム型の理解が成立すると、その組織は、安定、平和を保ちますが、タテイズム型の理解が成立すると、その組織は、度々変革の渦に巻き込まれたりします。

　「理解力がある」という表現を、タテイズム型組織では、構成メンバーの能力をしっかり把握し、それに沿って仕事をてきぱき配分し、滞りなく進行させる人に使いますが、ヨコイズム型組織では、上司や同僚、部下の心理面をよく把握し、それに配慮する人に使います。「私のことを全然理解してくれない」という言い方を、タテイズム型思考の人は、自分の能力を過小評価してくる人に対して使いますが、ヨコイズム型思考の人は、自分の気持ちを分かってもらえない人に対して使うことが多いです。理解は、関係性を保つのに欠かせない精神行為です。タテイズム型の理解も、ヨコイズム型の理解も、理解の一環であれば、両方必要です。自分の理解がどちらに傾いているのか、相手の理解はどちらのタイプなのかが分かれば、より深い相互理解が可能になるのかもしれません。

タテイズム型対立、ヨコイズム型対立

　ヨコイズム型社会では、表に出る目立った対立はあまりなく、水面下でくすぶることが多いです。対立は、何が何でも避けられ、それに対する不満は、裏で処理されることが一般的です。何かと対立的な意見を述べる人は、敬遠され、その傾向がある人は、組織から疎まれるか、干されます。

　それに対し、タテイズム型社会では、対立が日常的で、何も珍しくありません。仮にあったとしても、そこまで極端にお互いの関係性がこじれることはありません。真逆のことを考えている、対立している人どうしで突然友達になったり、相手のことをリスペクトしたりすることもよくあります。

　タテイズム型組織では、まず、成長したい人同士の間で対立が起きます。お互いにタテイズム思考がぶつかるからです。この時に、真の意味での切磋琢磨ができる組織は、幸いです。活気があって、いがみ合いもなく、お互いに刺激し合い、上へ上へと伸びていく理想的な組織になるからです。それに対し、相手を引きずり下ろすことで勝とうとする組織は、最低の組織になります。裏で相手を中傷し、誰彼構わず貶めることに必死で、組織内の人が皆疑心暗鬼になるからです。

　こういう悪いタイプの対立を回避する方法は、引きずり下ろす動きが少しでも見えたら、全面的にシャットアウトすることです。タテイズム型組織は、上に行こうとする属性を持っていますが、相手を引き

ずり降ろすやり方は、下に行こうとする動きだからです。だから、その動きが見えたら根をバッサリ切り取る必要があります。相手を蹴落とした人が、結果的に得をするような雰囲気がタテイズム組織に蔓延したりすると、その組織は、腹の探り合い、いがみ合い、誹謗中傷の塊になっていきます。

　2つ目のタテイズム型組織の対立のパターンとして、成長を願う人と願わない人との間に起こされる対立があります。成長を願う人はタテイズム思考を発揮しますが、願わない人はヨコイズム思考のままなので、お互いにぎくしゃくします。タテイズム思考の人はヨコイズム思考の人に対し、無能、仕事しないと怒り、ヨコイズム思考の人はタテイズム思考の人に対し、皆の事を考えていない、自分勝手と批判します。

　こういう場合は、善悪や正否を正すのではなく、お互いの考え方の違いを理解、説明するのが重要となります。どちらも正しく、どちらも組織のためであることをお互いに理解する必要があるのです。それに成功すれば、とてもいい組織に生まれ変わります。タテイズム思考の人が引っ張り、ヨコイズム思考の人がその後を追っかけながら地盤固めをする、とても理想的なパートナシップが形成されるようになるのです。

　ヨコイズム型組織で起きる対立は、比較的はっきりしています。波風を立てる人と、それを望まない大多数の人たちとの対立です。ヨコイズム型組織は、昨日と同じことを今日やる、今週と同じことを来週やる、という特徴を持っているので、それが乱されるのを本能的に嫌

います。だから、それを変えようとする人に、波風を立てていると怒るのです。

　この対立を円満な関係性に持っていくのは、波風の当為性の説得です。日本の製造現場には、パイロットラインというものがありました。やりたい目標に見合ったラインを作り、そこを皆に見せるのです。見せることによって、皆に変わることは悪いことではない、面倒くさいことではないことを分からせます。これで、徐々に変わっていきます。

　対立はなくてはならないものです。そのプロセスの中で、いろんなことが見えてくるからです。ただし、長く続くとよくありません。人間は感情の動物だからです。

タテイズム型競争、ヨコイズム型競争

　タテイズム型社会では、競争は慣れっこです。上昇志向がタテイズム思考の特徴だからです。したがって、タテイズム型社会では、組織も互いに競争ができるような体制にするのが望ましいです。人事制度も、能力主義が似合います。

　それに対し、ヨコイズム型社会では、「皆仲良く一緒」が落ち着くので、競争はあまりしたがりません。したがって、組織をむりやり競争体質にしてしまうと、組織が壊れがちです。ヨコイズム型思考を持つ人が多い日本の企業が、年功序列、終身雇用の人事制度を採用し、長年運用してきたのは、偶然ではありません。

　ヨコイズム型組織に身を置く人たちは、安定が保証される時に、力を発揮します。組織から守られている、組織に身を寄せることができると考えるその安心感が、延々とこの状態を保ちたい、この安定を誰にも壊されたくない思いにつながり、仕事へつながるからです。

　それに対し、タテイズム型組織に身を置く人たちは、身の保証も大事ですが、それよりも、上に行けると思う時、認められると思う時、この組織は自分のことを正しく評価してくれると思う時に、力を発揮します。タテイズム型組織に競争が似合うのは、そのためです。

　韓国は、このタテイズム型競争体質を存分に活用し、短期間で先進国の仲間入りを果たしました。しかし、長期間に渡って競争体質を煽り立ててきた結果、深刻な副作用が出てき始めているのも事実です。

極限の競争を長年強いられると、勝ち組と負け組との間に、激しい対立が生まれるのです。

　何事もほどほどにというのは、万世の真理のような気がします。豊かになったと言いますが、その反作用で心が荒んだら、元も子もありません。

タテイズムの改革、ヨコイズムの改革

　「出る杭は打たれる」は、ヨコイズム型社会を象徴する表現です。ヨコイズム型社会のように、現状は良くも悪くもない、だから何となくその現状を維持しようとする社会では、新しいことをやろうとすると、和を乱す人、協調性のない人と見られがちです。それに対し、タテイズム型社会では、上昇指向や前向き指向が思考構造の深層にあるので、新しいことをやろうとしている動きに、あまり抵抗感はありません。どちらかと言うと、ヨコイズム型社会の方が、改革やイノベーションに不向きと言えるのです。

　なのに、なぜトヨタ自動車は、改善の定着に成功し、それが世界の標準にまでなったのでしょうか。トヨタがKAIZENに成功したのは、一言で言うと、長い歳月をかけて、改革を日常業務化することができたからです。長い年月をかけて、タテイズム的思考の行動特性のはずの改革を、ヨコイズム型思考の行動特性に徐々に変化させ、それが当たり前という企業体質を作り上げるのに成功したのです。その結果、トヨタの社員たちは、すべては変動するものであると、本能的に考えるようになりました。

　韓国のヒュンダイやKIA、LGや三星などの大手企業が、あれだけの社員を送り込んでTPSを学ばせても、トヨタの成果をわがもの化できなかったのは、そこに理由があります。そもそも、こてこてのタテイズム思考の持ち主である韓国の人たちに、ヨコイズム型思考の決定版

のような TOYOTA の KAIZEN が身に付くはずもなく、結局 10 年余り
の教育も空しく移植の失敗で終わってしまったのです。

　「継続は力なり」は、ヨコイズム型組織では誰しもが納得する話です
が、タテイズム型思考の組織では、人を苦しめるスローガンにしかな
りません。お互いの考え方の違いを考慮に入れない、タテイズム的決
定が生み出した失敗の一例だったのです。

タテイズム型社会の暗

　数年前の朝鮮日報の記事です。いつのものだったか覚えていません
が、私のメモに残っていたので紹介したいと思います。

　「韓国社会は生き残りたければ、他人を押しのけてでも、前に出るべ
きだと教えてきた。家庭・学校・職場を問わず、犠牲と分かち合いより、
競争と勝利が強調され、清き失敗よりも汚い成功をモデルにしてきた。
弱者を先に、遅くなっても一緒に、という社会倫理や道徳は教科書に
出てくる退屈な話になり、基本、規則、基礎、ルールを大切に考える
人間に対し、何か世間知らずの堅物のように見下す傾向まで出てきた。
ずる賢い手口を行使できる人間の方が有能な人間のように扱われる」

　いつまで経っても健全な競争社会って、あるでしょうか。一人一人
が道徳的に完全ならば、可能かもしれませんが、正しい人はいない、
一人もいないということを考えると、造り上げられた虚像なのかもし
れません。人を競争させておいて、そこに葛藤や対立が生まれないと
信じる、それはあまりにも理想主義と言えるでしょう。

　タテイズム型社会の中で上を目指す際に、善い人は良心の呵責をな
るべく減らしながら上昇の努力をしますが、悪い人は良心の声を無視
しながらあらゆる手段を使い、上昇を図ります。嘘や誹謗中傷、非難、
でっちあげ、捏造、偽造、厭いません。タテイズム型社会では、今の
ような悪の手法に気づかず、見抜かれないまま、一定数がタテ型構造
の上層部に上り、一定数の席を占めるようになることがしばしば起き

ます。ある意味、社会の矛盾を最初から孕むのです。その矛盾が社会に露呈し始めると、最初は争いや葛藤、対立などの緩やかな行動特性から始まりますが、いよいよ抑えられなくなると、犯罪、紛争、テロ、戦争のようなものに発展していきます。

　一方、そういう社会の勝者側に立った指導層は、自分たちと敗者を明確に区分し、自分たちを守るための社会システムを構築することに注力するようになります。アメリカで医療保険制度が定着しないのは、そこに理由があるのかもしれません。既にタテ型構造で優位を占めている人たちが、自分の富をみすみす簡単に皆に分け与えることをするはずがないからです。現代社会でうつ病が多いのも、タテイズム型思考が生んだひずみの一つかもしれません。

タテイズム型思考の希望、ヨコイズム型思考の希望

タテイズム型思考を持つ人は、すべてにおいて、今より上のレベルに行きたいと願います。今よりいい家に住みたいと思い、いい車に乗りたいと考え続けます。こういう考え方を持つ人は、上昇志向のない人を見ると、やる気がないと決めつけます。

それに対し、ヨコイズム型思考を持つ人は、自分の日常が壊されなければそれでいい、今より悪くならなければ一安心、そこに少しだけ生活の余裕が出てくればなおいいと考えます。同じ家にずっと住み、同じ車に乗り続けても違和感はありません。こういう考え方を持つ人は、大きな希望はあまり望まず、現状維持でも平気です。

希望という言葉は、「こうなればよい、なってほしいと願うこと」の意味の他に、「将来へのよい見通し」「望み通りになるだろうという明るい見通し」の意味も持ちます。これを見ると、希望が本来タテイズム的事柄であることが分かります。「こうなればよい、こうなってほしい、望み通りになる見通し」などは、タテイズム的性格を持つ出来事だからです。

こうなればよいと考えていたのに、その通りにならなかったら、希望が打ち砕かれます。望み通りになるだろうとよい見通しを立てていたのに、それが崩れれば、絶望に変わります。タテイズム思考を持つ人が、強い希望を持ち、何かに打ち込んだ時に、それがよい結果として現れるなら幸いですが、そうじゃない場合、深刻なダメージを受け

ます。上に行けると意気込んでいた分、それが崩れたら、現状維持ど
ころか、下に下げさせられたと深いショックを受けるからです。今の
韓国社会の一断面です。

タテイズム型思考の友達、ヨコイズム型思考の友達

　韓国の大学に留学した経験がある人は、韓国人のクラスメートから、同じ大学に通う他の日本人について聞かれることがよくあったのではないかと思います。「よく知らない」と答えたり、連絡先も知らないと言えば、怪訝そうな顔をされます。韓国人の大学生にしてみれば、学内で一緒に行動しているところを何度か見かけたら、その人たちは、親しい友達なのかなと思ってしまいます。教室に一緒に入ってきたり、一緒に帰ったりすれば、なおさらそうです。韓国人は、タテイズム思考を持っている人が多いので、友達と深い付き合いをあまりしていなさそうに見えますが、実像は違います。人間が他人と関係性を持って生きていく以上、友達付き合いをしないのは、あり得ないからです。韓国人は、ある人のことを友達と思ったら、まずその人との距離感をなくすことから取りかかります。一緒に風呂に入ったり、その人の家に泊まったり、飲みに行ったりします。そうするうちに、自分と友達をほぼ一身同体と思うようになるのです。なので、そういう韓国人にしてみたら、一緒に行動する日本人同士は、紛れもなく親密な友達です。

　韓国の人たちが、友達の間の壁をなくし、一身同体になるための行動をするのは、タテイズム社会における心の拠り所、安息を得たいからです。それに対し、ヨコイズム型社会では、普段からヨコのつながりが強い分、逆に自分のことをあまりさらけ出さなくなるのだと思います。

タテイズム型社会の個性、ヨコイズム型社会の個性

　ヨコイズム型社会では、個性が隠れていることが多いです。その人の素性を知ってみたら、実は違う分野の相当な実力者だったとか、ある分野のことがかなり詳しいとか、ということがよくあります。しかし、タテイズム型社会では、個性が明らかになることが多いです。周りの人もほとんどその実態を知っており、他人と違うことをやって当然という雰囲気が漂います。

　タテイズム型社会では、個性は発揮するもので、隠すものではないと捉えられます。なぜかというと、他人にない個性を持つことで、上に立つ気持ちを味わえるからです。それに対し、ヨコイズム型社会では、他人と違うことが明るみに出ることをあまり好まないので、個性も人前に出さないことが多いです。

　タテイズム型組織では、個性を発揮することを要求されます。上に立つリーダーは、個性をうまくまとめる能力を問われることも多く、個性豊かな集団をまとめられる人は、組織のリーダーとして嘱望されます。それに対し、ヨコイズム型組織では、個性があまり重要視されず、出る杭と思われることが多いです。

　だいぶ前の話ですが、ある韓国のメーカーの人たちにトヨタ生産方式の標準作業を教えていた時、自慢げに、「うちは24時間フル稼働で3交代勤務をやっているけど、それぞれの班が別々のやり方でやっているよ」という話を聞いて唖然とさせられたことを覚えています。標準作業さえも自己流でやり、それがいけないとも思わない思考を持っているのです。

タテイズム型企業、ヨコイズム型企業

　ヨコイズム型企業の人たちは、周りに合わせる、決められたルールはしっかり守る、文句はあまり言わないといった行動特性を持っているので、ものづくりに最適です。それに対し、出る杭になりたくないと考える特徴があるので、アイディアとなると、苦手な人が多いです。それに対し、タテイズム型企業の人たちは、一匹狼型の人間が多く、それを束ねるのは、容易ではありません。縁故主義になりやすい体質になるのも、その特徴の1つです。すばぬけて能力を発揮する人がたくさん出るのも、タテイズム型企業人の特徴です。

　タテイズム型組織が縁故主義になりやすいのは、集団を作ることで、より上を目指しやすくなるからです。血縁、地縁、学縁を使えば、同じ思いを持つグループを作りやすく、勢を集め、体をでかくすることで、さらに上を目指しやすくなるのです。ずばぬけて能力を発揮する人が出やすいのは、上に行ける道を空けておくことで引き起こされる自然な現象と言えます。

　ヨコイズム型社会やタテイズム型社会に優劣があるわけではありません。人間の才能や素質にそこまでのばらつきがあるわけでもありません。ヨコイズム型組織で積極的にアイディアを出さないのは、いつのまにか、教室で手を上げなくなったヨコイズム型学校社会の特性と無関係ではありません。多くの日本企業で、提案制度を設けているのは、慢性的なヨコイズム体質を変えるためです。

タテイズムの韓国、ヨコイズムの日本

　韓国が、日本に対して、闘志をむき出しにすることが多いのに、日本以外の近隣国、中国やロシアにそのような態度を取らないのは、タテ構造において、中国やロシアを自国より上に見ているからと思います。中国は、長い間、朝鮮半島の生存を脅かす強大国で、ロシアは、日ロ戦争で敗戦する直前まで、大韓帝国の命運を握る大国でした。また、1950年の朝鮮戦争の際には、ソ連や中国の武力の強さを、嫌というほど、味わわされました。これらの記憶がそういう認識の一因になっているのではないかと思います。

　ところが、中国は、朝鮮半島を属国にしようと、何度も武力侵攻を試みるも、結果的には、その都度、朝鮮半島の自主性を完全保障しています。ロシアは、近代以前までは、全く朝鮮半島の脅威にはなりませんでした。朝鮮半島の近隣国の中で、タテであろうとヨコであろうと、その秩序を乱したのは、実は、近代に入り、タテイズム体制を強化した帝国日本だけでした。韓国を植民地にすることで、タテイズムの秩序を壊し、隣国を2流国家にすることで、ヨコイズムの秩序を乱したのです。

　しかし、今、両国間には香しい気流が形成されつつあります。表向きには色々言いますが、日本のことが嫌いという韓国人は、あまりいません。韓国のことが嫌いという日本人もいません。特に近頃、互いをリスペクトし合う若者が増えていることは、喜ばしいことです。朝鮮半島との長い歴史において、昨今のぎくしゃくは、刹那に過ぎません。悲観する理由なんて、全くありません。

●著者紹介

イム・ジョンデ

韓国名イムジョンデ（林鍾大）韓国大田生まれ。韓国教育財団諮問委員。韓国外国語大学日本語科卒業。同大学院卒業後、ソウルの桓一高校で日本語教師を勤める。1997年上智大学大学院文学研究科国文学専攻博士後期課程満期退学。清泉女子大学非常勤講師、東海大学福岡短期大学国際文化学科主任教授、観光文化研究所所長などを経て、現在は東海大学教育開発研究センター教授。『完全マスターハングル文法』『完全マスターハングル会話』『完全マスターハングル単語』『中上級ハングル文法活用辞典』『日本語表現文型』など多数の著書がある。韓国語教育、韓国の文化と社会、国際理解、国際交流などを研究テーマにしている。現在の名は、林大仁（はやしひろひと）。

●カバーデザイン　　清水裕久（Pesco Paint）
●音声収録　　　　　爽美録音
●ナレーション　　　イム・ジョンデほか

ゼロからスタート
韓国語能力試験TOPIK II テキスト
<ruby>韓国語能力試験<rt>かんこくごのうりょくしけん</rt></ruby> <ruby>TOPIK<rt>ト ビ ッ ク</rt></ruby>

発行日	2021年10月20日	第1版第1刷

著　者　イム・ジョンデ

発行者　斉藤　和邦
発行所　株式会社　秀和システム
　　　　〒135-0016
　　　　東京都江東区東陽2-4-2　新宮ビル2階
　　　　Tel 03-6264-3105（販売）　　Fax 03-6264-3094
印刷所　三松堂印刷株式会社

©2021 Jongde Yim　　　　　　　　　　　　Printed in Japan

ISBN978-4-7980-6585-4 C0087